混合所有制改革
与新时代国有企业治理创新研究

邹 俊 著

九州出版社
JIUZHOUPRESS

图书在版编目（CIP）数据

混合所有制改革与新时代国有企业治理创新研究／
邹俊著. --北京：九州出版社，2022.7
ISBN 978 - 7 - 5225 - 1058 - 3

Ⅰ.①混… Ⅱ.①邹… Ⅲ.①国有企业 - 混合所有制
- 企业改革 - 研究 - 中国 Ⅳ.①F279.241

中国版本图书馆 CIP 数据核字（2022）第 123295 号

混合所有制改革与新时代国有企业治理创新研究

作　　者	邹　俊 著
责任编辑	黄明佳
出版发行	九州出版社
地　　址	北京市西城区阜外大街甲 35 号（100037）
发行电话	(010) 68992190/3/5/6
网　　址	www.jiuzhoupress.com
印　　刷	三河市龙大印装有限公司
开　　本	710 毫米×1000 毫米　16 开
印　　张	14.5
字　　数	176 千字
版　　次	2023 年 1 月第 1 版
印　　次	2023 年 1 月第 1 次印刷
书　　号	ISBN 978 - 7 - 5225 - 1058 - 3
定　　价	58.00 元

目　录

第一章　导　论 …………………………………………………… 1

　　第一节　研究的背景及意义 ………………………………… 1

　　第二节　中国国有企业治理改革的理论变迁及其实践

　　　　　　特征 ……………………………………………… 4

　　第三节　相关文献综述与改革展望 ………………………… 9

　　第四节　本书的研究思路和研究方法 …………………… 21

　　第五节　本书的创新之处 ………………………………… 26

第二章　混合所有制改革与国有企业治理结构完善 ………… 29

　　第一节　沉淀成本对国有企业治理结构路径依赖的影响 … 29

　　第二节　混合所有制改革与国有企业治理结构的路径依赖

　　　　　　分析 ……………………………………………… 38

　　第三节　完善国有企业治理结构,推进混合所有制改革的

　　　　　　历史思考 ………………………………………… 51

第三章　不完全竞争性对新时代国有企业治理创新的影响

　　　　分析 ……………………………………………… 63

　　第一节　国有企业不完全竞争性的理论溯源、现实表现与

　　　　　　政策启示 ………………………………………… 65

　　第二节　不完全竞争性对新时代国有企业家公司治理创新的

　　　　　　影响 ……………………………………………… 87

第四章　新时代加强党的领导与国有企业治理创新研究······ 106

第一节　国有企业党组织参与公司治理的制度分析········· 106

第二节　加强党的领导发挥国有企业党组织特殊治理
功能··············· 116

第五章　新时代国有企业治理创新的案例研究············ 131

第一节　中国宝武钢铁集团公司治理创新的案例分析······ 131

第二节　阿里合伙人制度对新时代国有企业治理创新的
启示················· 150

第六章　混合所有制改革背景下推进新时代国有企业治理
创新的对策建议··············· 166

第一节　坚持党的领导与发挥国有企业党组织治理创新功能
相结合··············· 166

第二节　坚持国家所有权与新时代国有企业治理创新
相结合··············· 175

第三节　坚持混合所有制改革与完善国有企业公司治理
结构相统一················ 182

第四节　把转变政府职能与国有资本投资公司治理创新
相结合··············· 186

第五节　把激发企业家精神与促进新时代国有企业治理
创新相统一··············· 193

第六节　稳步推进国有企业经理队伍职业化发展········· 201

参考文献················· 209

后　记················· 224

第一章 导 论

第一节 研究的背景及意义

一、研究的背景

2015 年 8 月 24 日中共中央、国务院印发了《关于深化国有企业改革的指导意见》（以下简称《指导意见》），《指导意见》明确指出国有企业要发展混合所有制，并要求完善现代企业制度，而完善的公司治理结构是现代企业制度的核心。完善国有企业治理结构始终是国有企业改革的核心内容之一，也取得了长足的进步，但是在董事会建设、股东会治理等方面依然推进缓慢，而随着混合所有制改革的推进，国有企业治理结构如何适应混合所有制，如何有效保障国有和非国有资本的利益诉求，如何完善国有企业的治理机制等成为国有企业发展混合所有制的现实问题。

国有企业的治理问题是一个世界性的问题，不仅中国国有企业治理问题重重，欧美国家的国有企业治理也存在各种问题。由于各个国家的国情、经济发展史以及政治经济体制的差异，各国对于国有企业治理改革的主导思想、理论也不相同。从 1978 年开始，中国不断深入推进改革开放，逐步融入世界经济，国有企业治理改革也不断深入推进，在这过程中，理论与实践之间互相促进、相互检验，对探索中国特色的国有企业治理之路起到了积极作用。建国 70 年多年来，中国国有企业不断发展壮大，为我国国家政权巩固、国民经济持续发展和人民生活水平不断提高做出了重要贡献。虽然在不同时期，国有企业改革发展的主导思想有所差异，却始终对国有企业治理改革贯彻着"因时制宜、实事求是"的历史唯物主义思想。面对国有企业治理改革的新问题，特别是在国有企业混合所有制改革不断推进的背景下，如何对国有企业治理理论和实践进行大胆创新，是中国特色社会主义进入新时代面临的新挑战和新课题。

二、研究意义

当前国有企业是公有制经济的重要构成，是我国国民经济的主体之一，国有经济仍然保持着对国民经济的重要影响力、控制力和带动力。尤其是 2020 年"新冠"疫情以来，国有企业在"保增长、促就业"方面发挥了决定性作用。党的十八届三中全会以来，特别是《关于深化国有企业改革的指导意见》发布以来，围绕深化国有企业改革逐步形成了"1 + N"的政策体系，其中如何推进国有企业混合所有制改革和公司治理创新是改革的两方面重要内容。而这两方面既是互相影响又是相互作用的。对于国有企业混合所有制改革既有理论的争论，也存在实践的难题，而国有企业治理如何改革，如何创新又是混合所有制改革的应有之义。只有"协调推进、同步共振"才能促使国有企业改革不断深化。国有企业对我国国民经济有着重要影响，研究混合所有制改革与新时代国有企业治理创新问题不仅具有重要理论意义，也有着重大现实意义。

1. 理论意义

坚持国有企业在国家发展中的重要地位不动摇，坚持把国有企业搞好，把国有企业做大做强不动摇（"两个不动摇"），稳步推进国有企业混合所有制改革和公司治理创新是政府、学术界以及企业界关注和探讨的热点话题。近年来，关于如何分类推进混合所有制改革，如何完善国有企业结构，如何规范董事会制度，如何保护非国有股东的合法权益等问题成为社会各界讨论的热点。因而本书在以下四个方面进行了理论研究：第一，从历史的沉淀成本视角分析混合所有制改革与完善国有企业治理结构的相互影响，进而拓展对混合所有制改革和公司治理创新的认识和理解；第二，运用国有企业不完全竞争性分析框架对国有企业家精神发挥及其对新时代国有企业治理创新的影响，以及两者的关系，具有一定的理论价值；第三，探讨了加强党的领导，发挥国有企业党组织特殊治理功能问题，从理论上分析党的领导如何有效嵌入国有企业治理，为新时代国有企业治理创新提供一个新的思路；第四，分析了在混合所有制改革背景下，为提高国有企业治理效率，大力推进新时代国有企业治理创新的相应的制度安排和政策建议，具有一定的理论价值。

2. 现实意义

十九大报告中明确指出："深化国有企业改革，发展混合所有制经济，培育具有全球竞争力的世界一流企业。"一方面，改革开放四十多年来，我国非公经济取得了举世瞩目的成绩，但是我们也要看到大多数民营企业整体国际竞争力仍然较弱，而国有企业尤其是中央企业则是我国参与国际市场竞争的主力军，也是保障国家经济安全的主导力量。面对百年未有之大变局，有效提高国有企业治理效率是提升企业竞争力的"内核"。因此，本书研究新时代国有企业治理创新问题具有突出的现实意义。另外一方面，在新发展格局下，国内外市场的不确定性增强，如何通过混合所有制改革有效提升国有企业效益，真正实现"提质增效"是摆在企业与政府相关部门面前的现实问题，必须予以重视。因此本书也试图对这一现实问题进行一些探索。最后，中国特色现代国有企业制度，"特"就特在把党的领导融入公司治理的各个环节。本书的研究也有助于重新认识党的领导在国有企业混合所有制改革中的重要作用。本书提供了一个新路径，即加强党的领导，把企业党组织内嵌到公司治理结构之中，明确和落实党组织在公司法人治理结构中的法定地位，促进相关政府部门进行治理机制创新。因而，本书的研究对于宏观决策部门指导和监督国有企业混合所有制改革和公司治理创新具有一定的参考价值。

第二节　中国国有企业治理改革的理论变迁及其实践特征

新时代下国有企业治理如何创新，如何深化改革是摆在理论界和实业界面前的现实问题。近年来，既有理论的争论，也有实践的探索。本书试图对近十年来，国有企业治理理论的理论研究和实践探索进行回顾和反思，为今后的理论创新和实践探索指明方向。

一、马克思公有制经济理论下的国营企业管理及其特征

国有企业改革是一个全球性问题，当今世界的主流国家，几乎没有一个没有国有企业，混合经济是世界各国经济的常态。但是各国在国有企业如何治理的问题上存在很大争议，即使欧美信奉自由经济的国家也不尽相同。中国在从计划经济向市场经济转轨的过程中，对国有企业的地位作用等的认识在不断深入，国有

企业治理改革的主导思想和理论指导也经历过多次变迁，并取得了有目共睹的实践成效。

从1949年中华人民共和国成立开始，在一个相当长的时期内，直到改革开放初期，我国国民经济发展的主导理论是马克思公有制经济理论。公有制理论强调一切生产资料属于公有，即国家所有，消灭一切私有制。受此理论的指导，建国初期通过"一化三改造"，国家迅速掌握了国民经济命脉，初步建立了工业体系，也建立了新中国一批国营企业。这当中很多重工业和资源型国营企业至今仍然是我国国有经济的重要构成，对我国国民经济的发展影响深远。

在马克思公有制经济理论指导下，按照计划经济的要求，当时的国营企业带有明显的"国有国营"的色彩，一切生产管理活动均由政府支配。严格意义上，这一理论指导下的国营企业只有管理而不存在"治理"问题。所有国营企业都被放置于国家经济官僚机构的管辖之下，这些国营企业具有官僚治理结构、鲜明的管理和激励机制、为职工提供社会服务与福利的特征①。也正因为如此，此时的国营企业管理突出体现了"政企合一、大包大揽、统购统销"的特征，企业没有经营管理权，一切听政府指令，一切依赖政府，这也为今后的国有企业改革留下了许多的障碍。

二、委托代理理论下的国有企业治理改革及其特征

在马克思公有制经济理论指导下，建国三十多年的发展，使得公有制经济在国民经济中占据了绝对的主导地位，但是国营企

---

① 张佳康. 中国国有企业公司治理制度变迁 [J]. 学习与探索，2013（4）：107－111.

业在经营过程中的问题也逐渐暴露出来，其中突出的有以下几方面：一是国营企业普遍效率低；二是政企不分，管理混乱；三是计划经济使得价格扭曲，资源错配。改革开放之后，为了解决这些问题，国有企业改革逐步被提上日程。虽然许多学者和改革先锋对当时的国营企业提出了诸多改革理论和实践举措，但总的来看，从 20 世纪 80 年代到 90 年代初，我国国营企业改革的主导思想理论是委托代理理论。如何能使委托人和代理人的目标一致，降低代理成本是这一理论的核心。实践中国营企业改革通过"两权"分离来激发国营企业活力和提高企业效率。所谓"两权"分离是指所有权与控制权分离，所有权的核心是企业的资产和利润归谁所有的问题，而控制权的要旨是企业由谁来经营管理，企业的决策由谁做出的问题。实际上不管是国营企业还是私营企业，随着企业的不断发展壮大，都会面临着"两权"分离问题。随着"两权"分离的逐步推进，国营企业也转变为国有企业，一字之差实际上反映的是国有企业治理改革的推进。

在这一时期，理论界和实业界围绕解决委托代理问题做了大量国有企业治理实践探索，尤其针对"两权"分离更是做了许多改革创新，其中两个重要的治理改革举措：一是放权让利。从 1979 年开始，中央做出了扩大企业自主权的决定，决定向企业让渡生产自主权、原料选购权和产品销售权等 14 项权力；二是推行承包经营责任制。为了激发国有企业经理人的积极性，提高国有企业经营效益，从 1986 年开始，承包责任制在全国国有企业中进行推广，但是由于代理人即国有企业经理人的道德风险问题，导致产生了国有企业经营效益提高，国家财政收入却不断下降的怪象。因而，"让利放权，负赢不负亏"是这一时期的国有企业治理主要特征。轰轰烈烈推行的放权让利和国有企业承包经营责任制在法律不健全和制度不完备的条件下，实际上成为承包人掏空国有企业资产，侵蚀企业利润的工具，也为日后国有企业的治理困境埋下隐患。

三、现代企业制度理论下的国有企业治理改革及其特征

面对国有企业治理改革中遇到的问题，1993 年党的十四届三中全会明确提出国有企业改革要围绕"建立产权清晰、权责明确、政企分开、管理科学的现代企业制度"开展。总的来看，从 1993 年到 2015 年这二十多年的国有企业治理改革，一直秉持着建立现代企业制度这一核心思想不断拓展前进。所谓现代企业制度就是以市场经济为基础，以企业法人制度为主体，以公司制度为核心，以产权清晰、权责明确、政企分开、管理科学为条件的新型企业制度；现代企业制度的核心是产权制度、有限责任制度和组织制度。由此可见，现代企业制度的建立是一个庞杂的系统工程。国有企业如何建立现代企业制度是我们一直在探索的问题，这期间既取得了举世瞩目的改革成绩，也有一些失败的教训。

在现代企业制度理论指导下的国有企业治理改革，主要的举措有以下几方面：一是国有企业战略性重组。我国从 1996 年开始提出"抓大放小"，推进国有企业战略性重组，到 2003 年国务院国有资产管理委员会（简称国务院国资委）成立后，以打造一批具有国际竞争力的国有大型企业为目标推进的战略性重组，可以说，这二十多年国有企业重组是国有企业治理改革的主旋律之一。二是现代产权制度改革。国有企业高负债和"三角债"问题，一直困扰着国有企业改革。我国以 1997 年开始推行"债转股"为突破口，开始实施国有企业产权制度改革，到 2003 年开始推行股份制改造和股权多元化等，期间还短暂实施了管理

层收购（MBO），并随着"郎顾之争"而戛然而止，这些都围绕建立现代产权制度。三是国有企业治理结构改革。为了解决政企不分和国有企业官僚体制，公司制改革要求国有企业治理结构必须改革。我国从 2003 年开始逐步推行董事会制度，进而以"新三会"（股东会、董事会、监事会）取代"老三会"（党委会、取化会、工会），赋予国有企业经营更大的自主权和决策权。回顾这一时期的一系列改革创新举措，"尊重市场，科学规范，有进有退"是这一时期治理改革的主要特征，也取得了公认的改革成绩，国有企业的整体绩效和竞争力也得到了很大提升。

四、混合所有制理论下国有企业治理改革及其特征

经过几十年的改革发展，国有企业在建立现代企业制度方面已取得了长足的进步。但是，国有企业治理仍然存在很多痼疾，如代理人道德风险问题、董事会制度不健全、治理结构不完善等。这些国有企业治理难题亟须通过新的改革创新来推动。2015年，随着中共中央、国务院《关于深化国有企业改革的指导意见》和国务院《关于国有企业发展混合所有制经济的意见》的发布，关于混合所有制理论的研究和实践探索成为国有企业治理改革的重点。国有资本、集体资本和非公有资本融合发展，是我国的基本经济制度的实现形式。所谓国有企业混合所有制改革，就是通过国有资本和非公有资本相互持股，完善混合所有制公司法人治理结构，从而实现相互融合，取长补短、共同发展。可见，混合所有制改革的关键是是否"混"，和谁"混"，怎么"混"三个问题。近年来，在地方国有企业和中央企业子公司层面，进行了一些混合所有制改革的探索，但是依然任重道远。

从近几年国有企业治理改革的实践来看，主要突出表现在以下几方面：一是坚持分类改革。摒弃以前国有企业改革统一模式

"一刀切"的方法，对商业类和公共利益类等不同类型的国有企业推行不同侧重点的治理改革，更加强调"因企制宜、一企一策"。二是强调治理体系的系统改革。近年来，我国制定和颁布了一系列国有企业治理的相关制度和文件，称为"1+N"政策，《关于国有企业功能界定与分类的指导意见》《关于进一步完善国有企业法人治理结构的指导意见》《中央企业合规管理指引（试行）》等，更加强调改革的规范性和系统性。三是市场化改革。近年来，在国有企业治理改革和混合所有制改革中，越来越强调市场化改革，而不再通过行政指令搞"拉郎配"，动用的方法和政策工具，也更倾向于法律和市场化手段，真正把国有企业作为市场主体来推进改革。总结这几年的国有企业治理改革实践，带有明显的"依法依规、利用市场、稳步推进"的特征，在国民经济整体下行压力较大的环境下，国有企业高质量发展和治理改革方面依然取得了不俗的成绩。①

第三节　相关文献综述与改革展望

一、关于公司治理中的委托代理问题研究

Alchian、Demsetz②、Holmstrom③ 等学者对多个代理人的情况进行了研究。他们发现，多个代理人组成一个团队，可以制定基于团队产出的激励机制，从而解决搭便车和委托代理问题。

---

① 邹俊，张芳. 建国 70 年来国有企业治理理论研究进展：文献回顾与改革展望 [J]. 当代经济管理，2019（9）：10－15.

② Alchian A A, Demsetz H. Production, Information Costs and Economic Organizations [J]. *American Economic Review*, 1972, 62（5）：777－795.

③ Holmstrom. *On Incentives and Control in Organization* [D]. San Franclsco, Stanford University. 1977.

Sanders and Carpenter①认为，企业全球化战略的实施，加剧了高管团队和董事会之间的信息不对称问题，为减少代理成本，这些跨国公司必须注意采用长期激励措施（如股票期权、奖励性股票、虚拟股票等方法）来使高管团队进行自我激励和约束。Becht，Bolton and Roell②认为公司治理的核心在于恰当地解决代理问题中的搭便车问题。改变搭便车的方法在于使得股权相对集中（例如大股东），这样大股东的干预可以提高小股东的利益；但是股权过于集中又会造成这种权利的滥用。Liang Guo，Clive Smallman，Jack Radford（2013）③研究发现，大量在西方行之有效的公司治理机制，在中国国有企业中却无法起到同样的作用，甚至成为阻碍效率提高的负面因素。一个重要的原因是政府和国有企业之间过度紧密的关系。Jin-hui 等人④发现，在中国的上市公司中，国有股占优势的企业和独立董事人数较多的企业，出现过度投资的几率更低。NK Kakabadse，H Yang & R Sanders⑤认为，由于中国国有上市公司的股权集中，使得非执行董事（NED）发挥作用的系统相对较弱，这在很大程度上弱化了董事会作为核心战略机构的作用，公司治理必须解决这一困境。⑥

---

① James A Mirrlees. The Optimal Structure of Incentives and Authority within an Organizatiopn [J]. *The Bell Journal of Economics*，1976，7（1）：105 – 131.

② Becht M，Bolton P，Roell A，et al. Corporate governance and control [J]. *Hand book of The Economics of Finance*，2002（21）：1 – 109.

③ Guo L，Smallman C，Radford J. A critique of corporate governance in China [J]. *International Journal of Law and Management*，2013，55（4）：634 – 641.

④ Jin-hui，Luo，Di，et al. The private benefits of control in Chinese listed firms：Do cash flow rights always reduce controlling shareholders' tunneling? [J]. *Asia Pacific journal of management：APJM*，2012，29（2）：499 – 518.

⑤ Kakabadse N K，Yang H，Sanders R. The effectiveness of non-executive directors in Chinese state-owned enterprises [J]. *Management Decision*，2010，48（7 – 8）：1063 – 1079.

⑥ 岳敏. 国有企业高管人员激励机制研究 [D]. 成都：西南财经大学，2010.

二、关于混合所有制改革与管理层激励的研究

大多数有关薪酬制度的理论研究来源于道德风险下的契约理论（Mirrlees[1]；Grossman and Hart[2]）。管理者的报酬和公司的表现并没有很强的联系，但是公司管理者的报酬对于公司规模要相对敏感得多（Jensen and Murphy[3]；Jensen and Murphy[4]）发现激励合同难以将管理者的利益与股东联系在一起。薪酬奖励机制中还可能存在更严重的问题，从某种程度上来说，合同中的股权激励和股票期权激励不仅不能起到减少代理成本的问题，甚至反方向给予了管理者更多的能够从公司获得个人利益的渠道。Qiang Cheng 和 Warfield（2005）[5] 发现股权激励可能导致经理人卖出更多的股票、诱使经理人进行盈余管理以及报出与分析师预测相一致的业绩。Daniel Bergstresser 和 Thomas Philippon（2006）[6] 也证实了当高管人员的预期收益与他们所持有的基于股票的收益密切相关时，更容易出现盈利管理。他们往往会选择在公司盈利增长较好的时候进行行权获利，但在随后的几年中，公司的业绩会受影响，公司为股东带来的收益将大幅下降。

---

[1] James A Mirrlees. The Optimal Structure of Incentives and Authority within an Organizatiopn [J]. *The Bell Journal of Economics*，1976，7（1）：105 – 131.

[2] Grossman，Hart. An analysis of the Principal-Agent problem [J]. *Econometrica*，1983，51（1）：7 – 45.

[3] Michel C. Jensen and Kevin J. Murphy. Performance pay and top-management incentives [J]. *Journal of Political Economy*，1990，98（2）.

[4] Jensen M C，Murphy K J. CEO incentives-its not how much you pay，but how. [J]. *Harv Bus Rev*，1990，68（3）.

[5] Cheng Q，Warfield T D. Equity Incentives and Earnings Management [J]. *Accounting Review*，2005，80（2）：441 – 476.

[6] Bergstresser D，Philippon T. CEO incentives and earnings management [J]. *Journal of Financial Economics*，2006（80）：511 – 529.

薪酬激励与国有企业绩效相关性究竟如何？国内学者也存在不同的观点。一方面，有的学者认为薪酬激励与公司经营绩效关系不大，魏刚（2000）[①]和李增泉（2000）[②]较早地利用实证数据考察了我国上市公司高级管理人员报酬与公司经营业绩的关系，研究结果表明高级管理人员的年度报酬与上市公司的经营业绩并不存在显著的正相关关系，并且高级管理人员持股也没有达到预期的激励效果，被认为仅仅是一种福利制度安排。谌新民和刘善敏[③]则以2002年4月30日以前披露的上市公司数据为样本，研究显示经营者报酬的确定与经营绩效关系不大。另一方面，不少学者的研究表明薪酬激励对企业经营绩效具有积极效应，辛清泉和谭伟强[④]研究发现，随着时间的推移，市场化改革不断推进，国有企业经理人薪酬与会计业绩之间的关系不断增强，并且市场业绩也逐步开始同国有企业经理人薪酬挂钩。周仁俊等[⑤]研究证实，管理层货币薪酬与企业经营业绩呈正相关关系。但在非国有控股上市公司，其显著性大于国有控股上市公司。方军雄[⑥]在检验高管薪酬与业绩之间存在正相关的同时发现，高管薪酬的业绩敏感性存在不对称的特征。进一步研究发现，管理者的薪酬存在显著的粘性特征，而普通员工薪酬并不存

---

① 魏刚. 高级管理层激励与上市公司经营绩效 [J]. 经济研究，2000（3）：32-39，64.
② 李增泉. 激励机制与企业绩效——一项基于上市公司的实证研究 [J]. 会计研究，2000（1）：24-30.
③ 谌新民，刘善敏. 上市公司经营者报酬结构性差异的实证研究 [J]. 经济研究，2003（8）：55-63.
④ 辛清泉，谭伟强. 市场化改革、企业业绩与国有企业经理薪酬 [J]. 经济研究，2009（11）：68-81.
⑤ 周仁俊，杨战兵，李礼. 管理层激励与企业经营业绩的相关性——国有与非国有控股上市公司的比较 [J]. 会计研究，2010（12）：69-75.
⑥ 方军雄. 我国上市公司高管的薪酬存在粘性吗？ [J]. 经济研究，2009（3）：110-124.

在粘性特征,这进一步拉大了高管与普通员工之间的薪酬差距（方军雄）①。荣兆梓②指出统一的职业经理人市场是加快混合所有制经济发展的题中应有之义,将国有企业高管人事管理制度转变为职业经理人制度是国有企业完善现代企业制度的当务之急。高明华等③指出应该取消国有控股的混合所有制企业高管的行政级别,高管激励来自市场和薪酬。刘雨青和傅帅雄④指出在混合所有制中,股权激励,管理人员和技术骨干持股,有利于股权结构优化和避免国有资本一股独大,可以在国有资本、民营资本及员工持股之间形成相互的利益制衡。⑤

三、关于分类改革与分类治理的研究

这一问题一直为学界所关注,Da Teng, Douglas B. Fuller & Chengchun Li⑥ 研究了不同类型国有企业对公司治理的影响,发现中国的制度改革催生了多样化的国有制,并指出不同类型的政府所有制对股权结构和高管持股有不同的影响,公司治理研究应纳入新兴经济体不断变化的制度环境。黄速建、余菁⑦指出国有

---

① 方军雄. 高管权力与企业薪酬变动的非对称性 [J]. 经济研究, 2011 (4): 107 – 120.
② 荣兆梓. 发展混合所有制经济视角的国有经济改革新问题 [J]. 经济纵横, 2014 (9): 71 – 74.
③ 高明华, 杜雯翠, 谭玥宁, 等. 关于发展混合所有制经济的若干问题 [J]. 政治经济学评论, 2014 (4): 122 – 139.
④ 刘雨青, 傅帅雄. 混合所有制中的员工持股探索 [J]. 中国流通经济, 2015 (3): 56 – 61.
⑤ 赵新洁. 公司治理背景下中国国有企业管理者激励问题研究——基于西方公众公司的对比研究 [D]. 北京: 北京外国语大学, 2013.
⑥ Da Teng, Douglas B. Fuller &Chengchun Li. Institutional change and corporate governance diversity in China's SOEs [J]. *Asia Pacific Business Review*, 2018, 24 (3): 273 – 293.
⑦ 黄速建, 余菁. 中国国有企业治理转型 [J]. 经济管理, 2008 (19): 16 – 21.

企业有国有公共企业和国有非公共企业之分,并指出国有企业公共企业应该治理转型。何国华①则认为中国国有企业应该分为竞争性和垄断性两大类,并应该分别采取不同的治理措施。黄群慧、余菁②指出应将国有经济部门区分出公共政策性、特定功能性和一般商业性三类,并且为它们分别构造不同的治理机制。高明华等③明确以"国有企业分类改革与分类治理"为基本思路,根据中国实际情况,将国有企业划分为公益性国有企业、(合理)垄断性国有企业和竞争性国有企业,不同类别国有企业的治理机制亟须"因类制宜"。从 2015 年中共中央、国务院在发布的《关于深化国有企业改革的指导意见》中明确把国有企业分为公益类和商业类两大类型以来,对于国有企业分类改革和分类治理的研究再次引起学界和企业界的重视。郝云宏和马帅④以中国 A 股国有上市公司的数据为样本,实证检验了不同类型的国有企业中党组织参与治理效果的差异。研究发现,国有企业分类改革与分类治理是十分必要的。在不同类型的国有企业中,党委会参与公司治理程度及其嵌入模式同样需要"因企制宜"。肖红军⑤通过研究公共政策性国有企业的特殊性及其使命指出,公共政策性国有企业的有效治理依赖于构建合意的高层管理者激励约束机制并建立相应的监管机制。

---

① 何国华. 中国国有企业治理思路的再探索 [J]. 中国社会科学院研究生院学报, 2008 (4): 46 – 50.

② 黄群慧,余菁. 新时期的新思路: 国有企业分类改革与治理 [J]. 中国工业经济, 2013 (11): 5 – 17.

③ 高明华,杨丹,杜雯翠,等. 国有企业分类改革与分类治理——基于七家国有企业的调研 [J]. 经济社会体制比较, 2014 (2): 19 – 34.

④ 郝云宏,马帅. 分类改革背景下国有企业党组织治理效果研究——兼论国有企业党组织嵌入公司治理模式选择 [J]. 当代财经, 2018 (6): 72 – 80.

⑤ 肖红军. 公共政策性国有企业的治理改革研究 [J]. 经济体制改革, 2016 (2): 5 – 11.

四、关于国有企业多元化治理与加强党的领导关系的研究

近年来，越来越多的学者认识到国有企业治理存在外部法规不完备，内部董事会和监事会结构不合理，缺少有效的激励约束机制等问题（韩克勇）①。其根本上反映了国有企业治理主体单一，治理手段简单，随着公司发展治理的边界需要不断扩展。但是，随着国有企业深化改革的不断推进，国有企业治理的超越政府主导模式已成为题中之义，其关键在于重新定义中国政府在国有企业中的治理边界（严若森）②。呼建光和毛志宏③指出在公司治理过程中既要考虑到股东的利益，也要考虑到公司员工、公司所在区域、贷款者等诸多相关者的利益。武常岐和钱婷④指出，集团控制是一种有效改善国有企业管理层代理问题的治理模式，而由此加剧的股东间代理问题应通过强化外部监管加以解决。近年来，随着国资国企改革的不断深入，党对国有企业的领导也在不断加强，国有企业治理中的党的领导与委托代理的关系引起了学界的关注，Jiangyu Wang⑤认为中国国有企业实行政治治理和法律治理相结合的双重治理结构。在国有企业治理领域，党和国家成功地把在西方市场经济中运营的公司法和机构转移到中国，并与共产党的政治机构一起工作，但是现在说这个实验是

---

① 韩克勇. 我国国有企业治理机制的发展及完善 [J]. 现代经济探讨, 2012 (10): 23 – 27.

② 严若森. 政府的治理边界与中国国有企业改革深化 [J]. 人文杂志, 2008 (3): 81 – 85.

③ 呼建光, 毛志宏. 国有企业深化改革中的公司治理——规制与激励 [J]. 社会科学, 2016 (7): 48 – 56.

④ 武常岐, 钱婷. 集团控制与国有企业治理 [J]. 经济研究, 2011 (6): 93 – 104.

⑤ Wang, Jiangyu. The Political Logic of Corporate Governance in China's State-Owned Enterprises [J]. *Cornell international law journal*, 2014, 47 (3): 631 – 669.

否成功和可持续还为时过早。马连福等①指出国有企业内部党组织是除国有股东、政府带来的政治干预以外的对企业的第三种干预途径，并在一定程度上丰富了中国特色的公司治理理论。同时，党组织内嵌入国有企业治理，是中国政治现实和历史形成的路径依赖共同作用的结果，也存在正当性基础和法理依据（王贵)②。陈翔③更进一步指出，坚持党的领导，不是以党组织代替或取代其他治理主体，也不是让党组织置于法人治理结构之上或游离于法人治理结构之外，而是把党的领导与公司治理有机统一起来。Giuseppe Grossi etal④ 还从公共管理等多学科角度探讨了国有企业开展问责制的意义。郑寰和祝军⑤则从所有权、管理权、劳动权三个维度讨论了党的领导和国企公司治理的关系，并指出把国有企业党的领导与完善公司治理有机统一，有助于保障国有经济的健康发展。

五、混合所有制改革与国有企业治理系统性改革研究

十八届三中全会后，国内学者开始关注混合所有制改革与国有企业治理系统性改革的关系的研究。健全的公司治理体系，不仅对企业的健康发展具有重要意义，而且对企业在经济危机中生

① 马连福，王元芳，沈小秀．国有企业党组织治理、冗余雇员与高管薪酬契约 [J]．管理世界，2013（5）：100－115.

② 王贵．党组织内嵌国有企业治理的法治逻辑：理据与进路 [J]．天府新论，2018 （1）：102－114.

③ 陈翔．国有企业治理中的委托代理问题 [J]．理论视野，2017（5）：52－55.

④ Grossi, Giuseppe; Papenfuß, Ulf&Tremblay, Marie-Soleil. Corporate governance and accountability of state-owned enterprises [J]. *International Journal of Public Sector Management*, 2015, 28 (4/5): 274－285.

⑤ 郑寰，祝军．也论党的领导与国有企业公司治理的完善——中国国有企业公司治理的政治维度 [J]．经济社会体制比较，2018（2）：123－129.

存具有重要意义（Xuefeng Lu）[1]。Razeen Sappideen（2017）[2] 考察了西方公司治理模式和标准在中国公司治理体系中的接受情况，并指出：首先，文化在人类行为和制度的形成与运作中在其随后的路径依赖中有其重要性；其次，产权、少数股东权利和作为投资基金的金融市场对国有企业治理也有重要影响。Munawarah[3] 研究发现印尼国有企业国有制与良好公司治理实施之间存在负相关关系，另外，审计结果的跟进对治理的实施有积极影响。混合所有制改革作为一种产权组织形式变革，不仅有利于提高国有企业的经营效率，也为私人资本提供了新的投资机会，是未来中国经济改革的重要突破口（佟健、宋小宁）[4]。同时，杨红英和童露[5]指出，在混合所有制改革过程中，必须系统地解决国有企业治理的问题，需要从所有权结构、治理结构和治理机制三个方面形成一套完整的混合所有制企业治理体系。国有企业治理体系的完整性是保证公司治理效率的重要条件，国有企业改革中既要考虑直接的公司治理机制，也要重视公司治理的外部环境，将价格体系与治理体系结合起来共同推进国有企业治理体系现代化（汤吉军）[6]。乔惠波[7]则认为从股东目标的一致性、股权结构的

[1] Lu, Xuefeng. Governance of Shanghai state-owned enterprises：Deficiencies and recommendations [J]. *International Journal of Law and Management*, 2009, 51 (3)：169 – 178.

[2] Sappideen, Razeen. Corporate Governance With Chinese Characteristics：The Case Of State Owned Enterprises [J]. *Frontiers of Law in China*；2017, 12 (1)：90 – 113.

[3] Munawarah；Din, Muhammad；Zainuddin, Fatlina；Muharam, Harjum. What Effects Do Privatisation Policies Have on Corporate Governance of State-Owned Enterprises? [J]. *European Research Studies*, 2017, 20 (4A)：124 – 132.

[4] 佟健, 宋小宁. 混合所有制改革与国有企业治理 [J]. 广东财经大学学报, 2016 (1)：45 – 51.

[5] 杨红英, 童露. 论混合所有制改革下的国有企业公司治理 [J]. 宏观经济研究, 2015 (1)：42 – 51.

[6] 汤吉军. 国有企业治理体系的制度分析 [J]. 现代经济探讨, 2015 (9)：45 – 47.

[7] 乔惠波. 混合所有制企业公司治理研究 [J]. 经济体制改革, 2017 (4)：102 – 108.

优化、董事会机制的完善和外部治理环境的改善等几方面，可以实现有效提高混合所有制企业的公司治理水平。Christopher Chen[1]通过对淡马锡模式的研究发现，与新加坡其他上市公司相比，上市公司的董事会独立性更高。这说明高质量的公司治理可以与国有企业相关的公共利益保持一致。另外，混合所有制改革给国有企业管理机制创新及改善内部治理结构带来了契机，混合所有制改革会不断促使国有企业进行管理机制创新，制衡所有者、代理者之间的权利利益关系（卢成会、穆艳杰）[2]。柳学信和曹晓芳[3]认为新时代混合所有制改革已深入公司治理层面，必须要最大限度地调动民营资本参与混合所有制改革的积极性，将民营企业先进的管理理念和高效的治理机制有效融入国有企业。

六、推进国有企业治理改革的展望

通过前文对近年来国有企业治理理论研究的回顾，我们发现国有企业治理改革问题已经越来越受到学界和企业界的关注，并且已经成为国有企业改革成功与否的关键。随着国有企业深化改革的不断推进，新时代国有企业如何治理，其理论研究和实践创新的方向值得我们认真思考。未来国有企业治理改革应该从以下几方面推进。

1. 继往开来，大胆创新，构建中国特色国有企业治理理论

建国 70 多年来，如前文所述，中国国有经济不断发展壮大，

---

① Chen, Christopher. Solving the Puzzle of Corporate Governance of State-Owned Enterprises: The Path of the Temasek Model in Singapore and Lessons for China [J]. *Northwestern Journal of International Law & Business*, 2016, 36 (2): 303 – 370.

② 卢成会，穆艳杰. 国有企业管理机制创新：一个混合所有制改革视角 [J]. 河南社会科学, 2018 (7): 65 – 69.

③ 柳学信，曹晓芳. 混合所有制改革态势及其取向观察 [J]. 改革, 2019 (1): 141 – 149.

国有企业治理改革的主导思想也在不断变迁，不同时期的治理实践也有着不同的特征。当前中国特色社会主义进入了新时代，我们要继往开来，大胆创新。在国有企业改革进程中，理论界和实业界也在不同时期受到外部环境的影响，如英国的国有企业私有化浪潮、新自由主义以及华盛顿共识等，曾经一度在国内也掀起了波澜，有人也主张中国国有企业也搞私有化，模仿西方模式改革国有企业。但是，历史实践证明，私有化并非解决国有企业治理问题的有效途径。苏联通过所谓休克疗法，迅速使得国有企业私有化，但是国家财富落入寡头，国民生活水平下降。2008 年的金融危机，也再次证明国有企业在稳定国民经济发展中发挥了不可替代的作用。因此，我们既要看到我国国有企业改革的成就，也要正视国有企业治理存在的问题。在新时期，我们要总结实践经验教训，着力加强构建中国特色国有企业治理理论体系研究，把理论与实践结合，力求理论有突破，实践有成效，形成具有中国特色的国有企业治理模式。

2. 兼容并包，实事求是，开创西方公司治理理论的中国化研究

通过前文分析，我们发现中国国有企业治理既有与一般企业的相同之处，如委托代理问题、公司治理结构问题、代理人道德风险问题等，也有着其治理的特殊性，如企业的历史变迁、党组织嵌入公司治理、政策性负担、预算软约束等。这就要求我们在国有企业治理改革中必须坚持兼容并包的思想，对于西方公司治理理论我们需要客观地看待，有些适用于中国国有企业，我们要敢于应用这些理论指导我们的治理改革，如董事会制度、经理人的激励与约束机制、股东的利益保障机制等。另外，由于中国国有企业的发展历史以及中国国情的特殊性，我们要以实事求是的精神着力开创西方公司治理理论的中国化研究，解决西方理论在

中国"水土不服"的问题，如高管薪酬问题、利益集团的"共谋"问题、非正式组织的治理问题等。只有这样才能真正推进中国国有企业治理改革实践不断取得成功。

3. 推进"管资本"背景下国有企业治理的理论与实践创新研究

近年来，随着国有资产管理体制改革从"管资产"向"管资本"转变，在国有资本投资运营公司试点也不断扩大的现实下，理论界对在"管资本"背景下国有企业治理将会有何变化，如何治理等相关问题的理论研究略显滞后。笔者认为有以下几个问题值得我们关注：第一，"管资本"与国有企业日常治理的协调机制问题；第二，"管资本"将会使得原先国有资产监管两层架构变为三层架构，及国有企业治理的交易成本如何有效控制；第三，"管资本"背景下国有企业经理人道德风险的防范机制；第四，"管资本"对国有企业法人治理结构的影响以及如何调整等。今后，我们要在结合国内外实践经验，大力推进"管资本"背景下国有企业治理的理论研究与实践创新。

4. 加强国有企业治理改革中对"人"与制度的匹配研究

国有企业治理改革涉及体制机制、外部环境，甚至法律制度等，但是最核心的是对"人"的治理。回顾近年来的理论研究文献可知，理论界和企业界对管理体制、监管机制、外部治理和法律规章完善探索和研究的较多，而实践证明国有企业治理改革最终要落实到"人"。即使再好的改革举措都需要一定的制度保障，而"人"与制度的匹配问题就会油然而生，国有企业治理的"人"从层次上看包括：经理人、高管、股东、技术人才、员工以及客户等利益相关者等，那么相对应的治理举措和治理创新是不尽相同的。比如，高管薪酬制度、董事会制度、员工持股等都需要考虑"人"与制度的匹配，而这方面的匹配研究是我们未来国有企业治理研究的一个重要方向。

5. 推进国有企业内部治理与外部治理的融合研究

由于中国国有企业从诞生到发展与政府、社会、资本等都有着千丝万缕的联系，国有企业治理改革不仅涉及企业内部的激励约束机制问题，还会关系到政府机构、营商环境以及外部投资者（包括银行、社会资本等）。近年来，我们对国有企业的内部治理问题研究的较多，如党组织嵌入公司治理、推行职业经理人制度等；而对内部治理与外部治理的融合研究却较少，今后这方面还有待进一步深入研究，如：外部财务投资者对国有企业治理改革的激励作用；政府管理体制改革与国有企业治理的协调；利益集团对国有企业治理改革的影响；国有企业治理改革与外部经济环境变化的协同，等等。①

第四节　本书的研究思路和研究方法

一、本书的研究思路和基本框架

1. 本书写作的基本思路

本书对混合所有制改革与新时代国有企业治理创新问题进行研究的基本思路为以下六点：第一，对相关理论和文献进行回顾和评述，为本书研究打下理论基础，这是本书相关研究的前提和基础；第二，对混合所有制改革与国有企业治理结构完善进行系统梳理，从而为本书后续研究做好铺垫；第三，通过对国有企业不完全竞争性的拓展研究，科学分析不完全竞争性对国有企业治理创新中企业家精神激发与保护的影响；第四，深入分析新时代

---

① 邹俊，张芳. 建国 70 年来国有企业治理理论研究进展：文献回顾与改革展望 [J]. 当代经济管理，2019（9）：10－15.

加强党的领导对国有企业治理创新影响的相关理论和实践问题；第五，选取两家典型国有企业和民营企业做案例对比研究，从实践角度分析和说明混合所有制改革背景下国有企业公司治理创新的必要性和复杂性；第六，在综合前文研究的基础上，对混合所有制改革背景下推进新时代国有企业治理创新提出相关对策建议。

2. 本书写作的基本框架

全书包括导论在内，共分为七章。

在导论中，首先，阐述本书写作的背景和意义；其次，对中国国有企业治理改革的理论变迁及其实践特征进行系统的回顾，并对近年来的相关文献进行综述和改革展望；接着，对本书研究思路、基本框架和研究方法进行介绍；最后，指出本书的主要创新和不足之处。

第二章主要探讨混合所有制改革与国有企业治理结构完善问题。本章从历史视角对国有企业治理结构的路径依赖问题进行研究。混合所有制改革在实践中遇到了种种困难和阻力，理论和实践表明沉淀成本的影响不容忽视。因此，本章从经济性沉淀成本和制度性沉淀成本视角，分析了沉淀成本的历史性对国有企业治理结构路径依赖的影响；并进一步探讨了推进混合所有制改革中国有企业治理结构路径依赖的沉淀成本缘由；最后，本章从历史角度提出系统性举措着力降低经济性和制度性沉淀成本，摆脱路径依赖，完善混合所有制国有企业治理结构，推进混合所有制改革。

第三章主要分析不完全竞争性对国有企业治理创新的影响。国有企业治理创新离不开企业家精神的发挥，中国国有企业改革发展取得的成就说明了只要有的放矢，在不完全竞争条件下也可以激发企业家精神。首先，对国有企业不完全竞争性进行理论溯源，并从市场和内部组织两方面剖析了国有企业不完全竞争性的现实表现与政策启示；其次，探讨了不完全竞争性对新时代国有企业家精神激发与保护的影响；最后，在新时代为了规制不完全竞争性，积极推进混合所有制改革，创新多元治理机制，激发和保护国有企业家精神的相关对策。

第四章主要对在新时代如何加强党的领导与国有企业治理创新进行理论分析。首先，新时期如何把党的领导融入公司治理的各个环节，发挥国有企业党组织的领导作用是当前国有企业治理改革的重要议题之一。本章在对历史的制度分析和总结的基础上，从正式制度和非正式制度两方面分析保障国有企业党组织有效参与公司治理的相关制度体系。其次，从交易成本的现实存在决定了经济组织形式从市场制到层级制的逐步演化，层级制下国有企业内部组织存在大量交易成本，会产生内部组织失灵问题的角度，分析了内部组织失灵对国有企业治理创新的影响。为了逆转和纠正内部组织失灵，必须发挥国有企业党组织的特殊治理功能。

第五章主要是新时代国有企业治理创新的案例对比分析。本章选取了两个代表性的国有企业和民营企业的案例来分析国有企业治理创新的着力点和关键点。一个是中国宝武钢铁集团有限公司（简称中国宝武钢集团）通过加强党的领导，积极推进国有资本投资公司建设以及混合所有制改革等举措创新公司治理机制，优化了公司治理结构，提高了公司治理效率，提升了企业核心竞争力；另一个是阿里巴巴集团控股有限公司（简称阿里巴巴集团）的公司治理创新的案例，阿里合伙人制度的实践反映了现代公司治理的核心是控制权，而控制权的争夺在现代企业中具有普遍性。这一制度创新符合产业组织发展的内在逻辑。因此，阿里合伙人制度启示创新国有企业治理结构应该突破国有企业所有制的藩篱。把控制权当作国有企业治理结构创新的"内核"。国有企业改革要以成为现代公众型公司为目标。发挥企业家精神，完善相关法律制度，优化国有企业治理结构创新的制度环境。通过这两个案例的对比研究，我们得到了很多有益的启示。

第六章主要是混合所有制改革背景下推进新时代国有企业治理创新的对策研究。面对国内外复杂局势，在新发展格局下为了积极稳妥地推进混合所有制改革，打造一批具有国际竞争力的世界一流企业，新时代国有企业必须进行系统的公司治理体制和机制创新，创新和发展中国特色国有企业治理理论。在前面章节理论和案例研究基础上，本章提出了坚持党的领导与发挥国有企业党组织治理创新功能相结合，坚持国家所有权与新时代国有企业治理创新相结合，坚持混合所有制改革与完善国有企业公司治理结构相统一，把转变政府职能与国有资本投资公司治理创新相结合，把激发企业家精神与促进新时代国有企业治理创新相统一，稳步推进国有企业经理队伍职业化发展等对策建议。

本书研究的基本框架如图1-1所示。

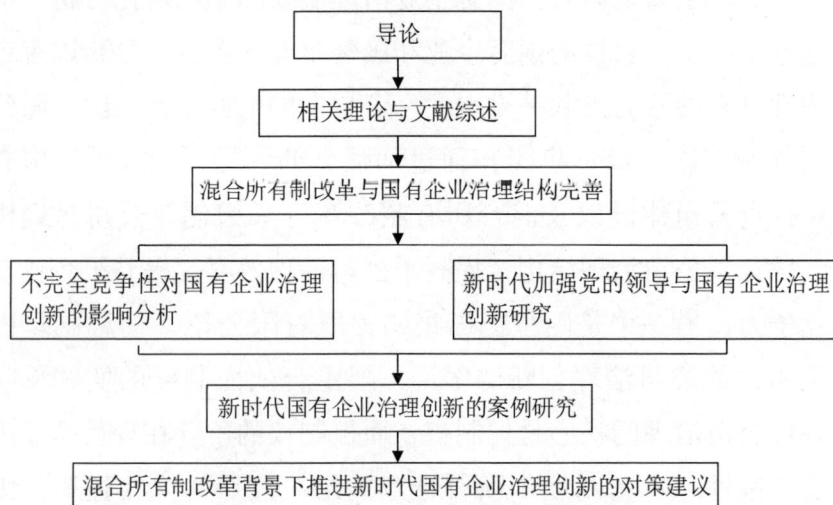

图1-1　本书研究的基本框架图

二、本书的研究方法

本书的研究以经济学理论为基础，综合运用管理学、政治学等学科理论和研究方法，进行了多学科交叉研究。围绕本书的研究主题和研究目的，本书坚持理论与实践相结合、历史与现状相结合为导向，采用以下研究方法。

1. 规范研究

通过对现有混合所有制改革理论和公司治理理论的梳理，多学科结合，从中寻求有机结合，提炼理论发展脉络，从沉淀成本、国有企业不完全竞争性、企业家精神发挥和加强党的领导等角度对混合所有制改革和国有企业治理创新进行规范研究。

2. 动态分析与静态分析相结合

本书研究一个比较典型的特点就是动静结合。通过大量的资料、数据和逻辑推理，对国有企业治理问题进行历史性的动态分析，避免了纯粹静态研究的缺点与局限性。另外，在分析混合所有制改革与国有企业治理创新的互动关系中，既有静态的分析不完全竞争性对国有企业治理创新的影响，又有动态的从历史沉淀成本角度分析国有企业治理结构的路径依赖及其超越问题，从而有力地阐释了两者的内生互动关系。

3. 案例分析方法

虽然不同所有制的公司治理具有不同的特点，但是它们在公司治理创新问题上却有着本质的共同的普遍规律，典型案例可以为探索规律提供生动的例证。本书将选取两家典型不同所有制的企业进行深入的公司治理创新案例分析。通过对中国宝武钢铁集团和阿里巴巴集团两家企业在公司治理上的创新举措的案例对比分析，总结国有企业公司治理创新的着力点和关键点。

4. 比较分析法

在本书研究中，我们将贯穿比较研究的方法。例如，在国有企业治理创新问题上，进行不同时期的纵向比较，也对不同性质企业进行横向比较，以及对国内外国有企业进行综合比较。通过一系列的比较研究，揭示国有企业治理创新的演变规律及其对企业发展的影响。

第五节　本书的创新之处

总体上，通过研究，力求在以下几个方面有所突破和创新。

1. 拓展对混合所有制改革和国有企业公司治理的认识和理解，力求在理论上有所突破

本书系统总结和回顾了中国国有企业治理改革的历史演变，并且摒弃传统的把不同所有制企业的公司治理"等而视之"的观点，从沉淀成本和不完全竞争性视角对国有企业治理改革进行了重新审视。一方面，从经济性沉淀成本和制度性沉淀成本视角，分析了沉淀成本的历史性对国有企业治理结构路径依赖的影响；并进一步探讨了推进混合所有制改革中国有企业治理结构路径依赖的沉淀成本产生的缘由；从历史角度提出系统性举措，着力降低经济性和制度性沉淀成本，摆脱路径依赖，完善混合制国有企业治理结构，推进混合所有制改革。另一方面，从不完全竞争性角度重新审视国有企业混合所有制改革问题，着重从理论溯源、现实表现和政策启示等几方面系统地分析了国有企业不完全竞争性，进而在尊重国有企业不完全竞争性的基础上，强调通过激发和保护新时代国有企业企业家精神来推进混合所有制改革和创新国有企业治理。

2. 较全面地回顾和总结了新中国国有企业治理改革的理论变迁及其实践特征

新中国 70 余年来，国有企业治理改革不断向前推进，历史证明国有企业治理是一个复杂而系统性的问题。在新时期，国有企业治理改革已然成为深化国有企业改革的关键领域。本书从历史脉络回顾了新中国 70 余年来，中国国有企业治理改革的理论变迁及其实践特征，并对近年来的国有企业治理理论研究的新进展进行了总结，在此基础上，展望了未来国有企业治理改革理论研究的重点和方向。

3. 对于新时代国有企业加强党的领导与公司治理创新中的突出理论和实践问题进行研究

新时期如何把党的领导融入公司治理的各个环节，发挥国有企业党组织的功能和作用是当前国有企业治理改革的重要议题之一。交易成本的现实存在决定了经济组织形式从市场制到层级制的逐步演化。层级制下国有企业内部组织存在大量交易成本，会产生内部组织失灵问题。本书在分析内部组织失灵对公司治理影响的基础上，剖析了内部组织失灵惯性对国有企业党组织参与公司治理的影响。逆转和纠正内部组织失灵，必须加强党组织的组织创新功能，构建中国特色国有企业治理理论；发挥党组织公司治理结构的完善功能，明确国有企业党组织的公司治理定位；发挥党组织的制度创新功能，建章立制，依法依规有序参与国有企业治理；突出党组织企业文化的塑造功能，构建国有企业多元治理文化。

4. 从理论联系实际角度出发，对混合所有制改革背景下推进国有企业治理创新提出相应对策建议

以国有企业混合所有制改革现状为基础，以提升公司治理效率为目标，对新时代创新国有企业公司治理进行了系统的政策设

计和制度安排是本书的创新之处。本书认为混合所有制改革要坚持党的领导与发挥国有企业党组织治理创新功能相结合，坚持国家所有权与新时代国有企业治理创新相结合，坚持混合所有制改革与完善国有企业公司治理结构相统一并进行相应政策设计；另外，在混合所有制改革中要大力推进把转变政府职能与国有资本投资公司治理创新相结合，把激发企业家精神与促进新时代国有企业治理创新相统一，稳步推进国有企业经理队伍职业化发展，并进行相应制度安排。

第二章　混合所有制改革与国有企业治理结构完善

　　2015年8月24日，中共中央、国务院印发了《关于深化国有企业改革的指导意见》（以下简称《指导意见》），《指导意见》明确指出国有企业要发展混合所有制，并要求完善现代企业制度，而完善的公司治理结构是完善现代企业制度的核心。完善国有企业治理结构始终是国有企业改革发展历史进程中的核心内容之一，也取得了长足的进步，但是在董事会建设、股东会治理等方面却推进缓慢。随着混合所有制改革的推进，国有企业治理结构如何适应混合所有制，如何有效保障国有和非国有资本的利益诉求，如何完善国有企业的治理机制等成为国有企业发展混合所有制的现实问题。但是，现有的研究大多忽视了历史因素对国有企业治理结构完善的影响，而本书将着重从沉淀成本历史性角度分析其对国有企业治理结构形成路径依赖的影响，从而强调在推进国有企业混合所有制改革过程中历史逻辑的重要性。

第一节　沉淀成本对国有企业治理结构路径依赖的影响

　　按照科斯的观点，价格机制是有成本的，企业作为一种组织形式，是对市场的替代，交易成本高低决定了生产形式的选择。

然而，企业内部的治理也是有成本的，公司治理结构的设计、构建及其运营都是有成本的，按照新古典经济学的假设，市场是出清的，企业的进入和退出瞬间即可完成，没有成本或者成本很低，但是在真实世界里，由于市场不完全、信息不完全和契约不完全，企业的退出是有沉淀成本的，而公司治理结构变迁也是有沉淀成本的，国有企业承担大量政策性负担，沉淀成本会更高，其对国有企业治理结构变迁的路径依赖具有重要影响。

一、沉淀成本的历史性及其分类

沉淀成本是指进行投资之后不能得到完全补偿的那些成本。通常被称为不可逆投资、资产固定性或固定资本。换言之，沉淀成本是指在资产市场不完全条件下，一级资产市场上购买价格大于二级市场上资产转让价格（再出售价格或打捞价值）的差额。[①] 从此概念阐释中，我们会清晰地发现沉淀成本实际上是一种不可回收（或无法补偿）的投资，而这种投资损失的大小往往事先难以估测，是跨期才能显现的，带有明显的历史性。对于一个企业组织来说，既会有围绕生产经营的经济性投资，又会有围绕管理的制度性投资。因此，从这个角度我们可以将沉淀成本分为经济性沉淀成本和制度性沉淀成本。

1. 经济性沉淀成本构成

在不完全市场条件下，企业为了维持正常生产经营活动必须进行资金和实物投资，而这些投资在企业退出时总有一部分难以收回或转让，导致经济性沉淀成本产生。现实世界里，企业投资产生沉淀成本难以避免，但沉淀成本高低却常常受资产专用性高

---

① 汤吉军，郭砚莉. 沉淀成本、市场结构与企业战略博弈分析 [J]. 产业经济评论（山东），2008（4）：86－104.

低的影响。威廉姆森将专用性资产划分为四类：①场地专用性。例如，在某地设厂，有助于减少存货和运输成本，而一旦厂址设定，就不可挪作他用。②物质资产专用性。设备和机器仅适用于特定用途，在其他用途中会降低其价值。③人力资产专用性。在特定交易关系中，人力资产所获得的技能、专有技术和信息具有较大价值，而在这一交易关系之外，其价值很小。④特定用途的资产，是指专门为特定购买者所做的设备等投资，如果没有购买者的商业承诺，这种投资就不会盈利。由于这些资产具有专用性，很难转作他用，其再生产的机会成本很小，甚至为零。① 这四方面的专用性资产投资伴随企业的发展会不断增加，同时对企业生产经营的影响越来越大，企业在未来的经营决策中必须考虑经济性沉淀成本问题，形塑了企业的经营选择路径。

2. 制度性沉淀成本构成

企业在生产经营中除了会产生经济性沉淀成本，随着企业规模不断扩大，企业的管理成本也会不断增加，企业为了维持管理活动和有效控制企业运营，对管理活动也会继续大量投资，这些投资会逐步形成各自企业的管理制度、管理机构以及企业文化等，但是当企业退出时会有大量管理活动投资无法收回或转让，我们称之为制度性沉淀成本。制度性沉淀成本基本可以分为正式制度沉淀成本和非正式制度沉淀成本两大类。正式制度沉淀成本主要是指企业在生产经营过程中内部逐渐形成的正式规章制度，如企业的决策、财务、人事、生产、销售等制度，而这些正式制度的变迁将会产生利益损失，进而形成正式制度沉淀成本；非正式制度沉淀成本主要是指企业在发展过程中逐渐形成的企业文

---

① Oliver E. Williamson. *The Economic Institutions of Capitalism* [M]. New York：Free Press，1985：54 – 60.

化、企业与利益相关者关系、企业非正式关系网络以及利益集团关系等，这些非正式制度在企业内部有些虽没有明文规定，但对企业发展却时刻发挥着作用，非正式制度的变迁涉及利益调整和分配，也会产生利益损失，从而形成非正式制度沉淀成本。正式制度和非正式制度沉淀成本共同制约着企业的内部制度变迁，并对企业发展形成路径依赖具有重要影响。①

二、经济性沉淀成本对国有企业治理结构路径依赖的影响

沉淀成本对于企业来说具有普遍意义，一般企业在生产经营中或多或少都会有经济性沉淀成本产生。国有企业由于其特殊的历史发展进程，其经济性沉淀成本更加突出，进而在国有企业改革发展中对公司治理结构变迁中形成路径依赖具有重要影响。主要表现在以下几方面。

1. 经济性沉淀成本约束国有企业生产组织方式

物质资产专用性和场地资产专用性是国有企业经济性沉淀成本的主要来源。建国之初，为了奠定国民经济发展基础，国有企业主要集中在重工业领域，形成了东北、华北等区域性老工业基地，随着国有经济战略布局的不断调整，即使现在，国有企业也主要集中在石油、化工、钢铁、煤炭、机械装备、冶金、交通运输以及军工等产业，这些产业的共同特性是存在市场失灵和自然垄断。这些产业的国有企业投资巨大，对厂址的选择也具有特定的要求。比如，石油、化工、冶金等行业往往企业在边远地区和资源丰富地区，这些国有企业大量的场地、生产设备等专用性很强，换句话说，经济性沉淀成本较高。因此，国有企业生产组织

---

① 邹俊，汤吉军. 完善混合制国有企业法人治理结构的路径选择——基于沉淀成本理论的分析 [J]. 湖湘论坛，2017 (6)：106-113.

方式上受经济性沉淀成本约束表现在以下三点：第一，追求规模经济。由于国有企业的产业布局大多属于工业基础性产业，物质资产和场地资产投入巨大，为了降低经济性沉淀成本，追求资产使用效益最大化，国有企业具有内生的规模扩张动力，而在追求规模经济的过程中，经济性沉淀成本又会不断增加，从而导致国有企业常常陷入"规模经济陷阱"。这就是现实中我们常常发现国有企业总是容易出现规模庞大、产能过剩等怪圈的原因。第二，市场信息失效。按照新古典经济学的假设，市场是即时出清的，但在现实中市场信息具有时滞性，为了追求规模经济，国有企业生产的前期物质资产和场地资产专用性投资不可避免，由于沉淀成本具有历史性，经济性沉淀成本跨期显现，因此导致国有企业生产组织不是依据市场信息来抉择，市场信息失效现象比比皆是。第三，指令性组织生产。国有企业为了追求规模经济，经济性沉淀成本呈递增趋势，在市场信息失效状态下，企业交易成本不确定性大大增强，为了最大限度地利用专用性资产投资，指令性组织生产成为最优选择，国有企业通过科层指令来配置资源，组织企业生产经营。这三方面因素对国有企业生产组织方式产生重要影响，也为国有企业治理结构路径依赖的形成提供了生产组织基础。

2. 经济性沉淀成本制约人力资本发展路径

国有企业的发展不仅要对场地资产和物质资产进行持续投资，还需要对人力资本进行长期投资，这种投资也是经济性沉淀成本的重要来源。国有企业人力资本发展路径会受到经济性沉淀成本的约束。主要表现在以下三方面：第一，职业发展路径受约束。国有企业员工在职业发展中会接受各方面的技能培训和岗位锻炼，这里既有个人的投入，也有企业的长期投资，这种双边的人力资本投资约束了员工的职业发展路径。比如，大多数国企员工中的技术人员很可能一直从事技术工作，而一个管理人员也很可能一直在管理岗位，虽然职级会不断变动，但职业发展路径却受到经济性沉淀成本约束。第二，人力资本通用性逐步降低。伴随着国有企业员工职业发展路径受到约束，人力资本沉淀成本也会逐渐加大，进而会逐渐降低国有企业人力资本的通用性，也就是说，国有企业员工一旦放弃原先从事的工作，将会付出很大的经济性沉淀成本。如果是在诸如煤炭、石油、冶金、军工等行业的国企员工更是很难适应社会其他岗位。因此，我们在现实中就会常常发现很多老员工离开国有企业后很难适应社会需求，再就业困难。第三，组织依赖性逐渐增强。随着职业发展约束和人力资本通用性的降低，身处国有企业的人员会自觉不自觉地产生组织依赖性。国有企业作为一种企业组织特殊形式，内部资源的配置往往通过科层指令来完成，而作为个体的员工一旦经济性沉淀成本形成，将很难与国有企业"讨价还价"。一些专用性的技术和管理人才的发展和晋升更是依赖组织，只能服从企业的安排，从而使国企员工组织依赖性逐步增强。这三方面的因素从实质上制约了国有企业人力资本的发展路径，也为国有企业治理结构路径依赖的形成提供了人力资本基础。

3. 经济性沉淀成本形塑了国有企业管理方式选择

经济性沉淀成本的现实存在使得在国有企业运营中，生产组织方式和人力资本发展路径都会受到制约，由此也会形塑国有企业管理方式的选择。主要表现在以下三方面：第一，国企管理方式必须围绕企业生产而设计。不同企业的管理方式总是与生产经营相匹配，有什么样的生产组织方式就有什么样的管理方式。如前文所述，国有企业生产组织带有明显的追求规模经济、市场信息失效以及指令性等特征，这就造成国有企业管理层级多、部门庞杂以及官僚色彩浓重，从而形成国有企业非市场化的管理方式。第二，国有企业管理方式选择受制于专用性人力资本。企业管理最终是做"人"的管理，对于不同的"人"的管理方式往往大相径庭。人力资本沉淀成本导致国有企业人力资本往往职业发展路径受约束、人力资本通用性降低和组织依赖性增强，使得国有企业人力资本专用性较强，这些又从根本上造成了国有企业管理方式必须适应专用性人力资本，难以按市场化方式管理国有人力资本。第三，国有企业治理机制设计受制于经济性沉淀成本。国有企业的经济性沉淀成本隐藏在企业物质资产、场地资产、人力资产以及其他特殊资产的投资中。因此，经济性沉淀成本一旦不可避免，国有企业的治理机制就会考虑投资收益最大化，尽可能地降低经济性沉淀成本，从而使得国有企业的经营权、所有权以及剩余索取权等一整套的公司治理机制的设计都会受制于经济性沉淀成本。这三个方面因素形塑了国有企业管理方式选择，也为国有企业治理结构路径依赖的形成提供了管理组织基础。

三、制度性沉淀成本对国有企业治理结构路径依赖的影响

制度是维系一个组织运行规则的总和。如前文所述，国有企业作为企业组织，其运行也需要一系列规章制度。这些正式制度和非正式制度的形成及其变迁都依赖企业的制度性资产投资，而制度性沉淀成本的形成，不仅影响国有企业的决策和运营，也会对其治理结构路径依赖产生重要影响。主要表现在以下两方面。

1. 正式制度沉淀成本制约着国有企业治理结构的变迁

正式制度是国有企业在生产经营中逐步形成的规则制度，对企业员工具有普遍约束力。正式制度的塑造也是企业投资活动的重要组成部分。随着企业的发展，正式制度的履行和监督也都是需要管理成本的。然而，随着国有企业内部专用性正式制度投资越多，正式制度沉淀成本也会逐渐增多，从而制约着国有企业治

理结构的变迁。这主要体现在以下几方面：第一，正式制度沉淀成本约束了国有企业治理结构的设计。国有企业发展过程中正式制度的制定和执行需要企业资源的投入，而为了保证正式制度能够得到有效实施，必须依靠一定的公司治理组织，因此，一旦正式制度沉淀成本形成就会对国有企业控制权、经营权以及剩余索取权的分配产生约束，也就在实质上约束了国有企业治理结构的设计。第二，正式制度收益递增性约束了国有企业治理结构变迁。正式制度的制定和执行需要企业资源投入，而正式制度具有收益递增性，当国有企业规模扩大，组织机构增加，正式制度沉淀成本就会递减，而收益递增。比如，一家国有企业建立一套人事管理制度，随着该企业规模扩张，员工和管理层级增多，正式制度成本增加缓慢，相反，制度收益却增加迅速。因而，在公司治理中正式制度的报酬递增性往往使企业倾向于发挥制度收益最大化，从而约束了公司治理结构的变迁。第三，正式制度沉淀成本制约着国有企业治理结构变迁的路径选择。我国国有企业经历了长期改革发展，企业规模越来越庞大，资产也越来越雄厚，国有企业作为市场主体的地位得到了确立。但是，国有企业治理结构改革滞后，在实践中受到正式制度沉淀成本和传统国有企业治理机制的影响，国有企业治理结构变迁的路径选择受到制约，难以按市场化方式构建公司治理结构。例如，中央企业在建立董事会制度、职业经理人选聘问题上受到诸多影响，推进缓慢，一个重要原因就是中央企业传统正式制度沉淀成本高昂。这三方面因素，从正式制度上约束了国有企业治理结构的变迁路径，为其形成路径依赖提供了正式制度影响。

2. 非正式制度沉淀成本是国有企业治理结构路径依赖的"无形之手"

经济性沉淀成本和正式制度沉淀成本是国有企业生产经营中

专用性投资的可预测结果，既是现实的又是可测度的，而非正式制度沉淀成本往往有很大的不确定性和难以测度，但是其却时刻如"无形之手"影响着国有企业治理结构的路径依赖。主要表现在以下几方面：第一，组织网络外部性使国有企业治理结构形成路径依赖。国有企业的特殊产权性质决定了其在经营发展中往往与政府和社会存在着千丝万缕的联系。加之企业内部组织架构，国有企业因此会身处复杂的组织网络。在组织网络中，员工、管理者、竞争者、企业、政府以及社会等长期共存，会形成"约定俗成"的非正式制度，而这些非正式制度依托组织网络会具有外部性作用。这种组织网络外部性会形成网络效应，使得既定的组织网络趋于稳定和价格机制失效，从而对国有企业治理结构路径依赖产生显著影响。第二，利益集团阻碍国有企业治理结构变革。随着组织网络的趋于稳定，国有企业组织网络中利益集团逐渐形成。利益集团为了追求集团利益最大化，往往阻碍不利于其集团利益的变革，而国有企业治理结构的变革会涉及企业管理部门重组、人员调整、企业内部权力的重构等，这些都会不可避免地触及相关利益集团的既得利益，因而会招致利益集团及其联盟的阻碍。这就是为何在国有企业治理结构改革中往往最难的是"人"的安排。近年来的国企腐败案件也呈现出典型集团腐败色彩。第三，寻租成为国有企业治理结构路径依赖的无形"磁场"。国有企业的所有者缺位，存在多重委托代理关系，在国有企业治理中如何规制寻租行为是治理难题。在非正式制度沉淀成本影响下，国有企业管理人员往往并非追求企业利润最大化，而是追求个人或集团的利益损失最小化，为了最大限度地收回人力资本专用性投资，寻租往往成为司空见惯的行为。因此，一旦国有企业治理结构变迁将会对身处其中的管理人员及其利益集团形成寻租威胁，国有企业管理人员及其集团成员将会竭力使得国有企业治理结构变迁路径朝有利于他们的方向发展，就像一个巨大的无形"磁场"一样，牵引着国有企业治理结构变迁并形成路径依赖。这就是在多年的国有企业改革实践中，国企公司治理结构改革总是朝着有利于现有高管和管理层方向发展的缘由。这三方面因素，从非正式制度上牵制着国有企业治理结构的变迁，为其形成路径依赖提供了正式制度影响。

第二节　混合所有制改革与国有企业治理结构的路径依赖分析

党的十八届三中全会和《指导意见》都明确指出国有企业要进行混合所有制改革，并且要求深化国有企业改革，建立现代企业制度，完善国有企业的法人治理结构。从前文分析来看，国有企业治理结构的完善受制于经济性沉淀成本和制度性沉淀成本，往往极易形成路径依赖。然而，国有企业混合所有制改革对完善公司治理结构有何影响，能否实现治理结构路径依赖超越，值得我们认真思考。

一、混合所有制改革对国有企业治理结构的影响

混合所有制改革不仅涉及所有制、股权结构变动，最根本的是对国有企业治理方式和思维的转变，而公司治理中最核心的就是治理结构的设置和权限的界定。因此，混合所有制改革能否有效推进，真正引入社会资本参与国企改革，关键要看国企公司治理结构是否适应混合所有制改革的需要。其对国企公司治理结构的影响主要体现在以下几方面。

1. 促使国有企业治理结构层级设置和权限界定必须依法依规

市场经济从根本上说是法治经济，混合所有制改革涉及国有

资本和非国有资本之间的合作与共享，必须要依法依规治理企业，政府更不能随意干预企业经营活动。混合所有制改革对国有企业公司治理结构产生的影响主要表现在以下几方面：

第一，国有企业治理结构的层级设置必须依法依规。传统的国有企业治理结构设计以及层级设置往往受制于主管部门，股东大会、董事会、经理层以及监事会等公司治理组织往往根据主管部门的要求进行设置，人事任命和选聘也更多体现行政官员色彩，而并非依照《中华人民共和国公司法》（简称《公司法》）和企业管理章程进行规范治理。比如，国资委曾经在中央企业和国有独资公司中推行外派监事会制度，而在混合制企业中外派监事会制度将会出现种种问题，难以施行。在国有企业混合所有制改革中，非国有资本必然要求公司的治理结构层级设置依法依规，只有规范的公司层级治理才能使非国有资本参与国有企业改革时获得公平合理的治理权，非国有资本的参与混合企业治理的"话语权"和合法权益才会得到有效的管理体制保障。

第二，国企公司治理各层级权限必须依法依规界定和行使。在国企依法依规设置管理层级基础上，国有企业各层级的权限也必须依法依规进行界定和行使。国有企业管理者与政府之间的委托代理关系，导致国企管理层在公司治理中常常受到政府干预，这种干预往往形成"权力不完全→管理者虚置→责任不完全→风险不可控"的国有企业治理失效的传导链。在混合所有制企业中，股东大会、董事会、监事会、经理层等治理机构及其成员的权限应该遵循相关法律和公司章程，并通过正式契约形式予以明确，从而使得混合所有制国有企业各管理层级形成"权限明确→行使主体明确→责任明确"的有效治理机制。

第三，混合所有制改革中企内部治理的规章制度要"因企施策"。不同的国有企业有着不同的发展历史，股权结构和企业战略发展目标也差异很大，因此，在推进混合所有制改革时，国有企业的内部治理规章制度要"因企施策"，混合所有制国有企业治理结构也并非千篇一律，要根据企业发展历史与现状设计混合制企业的治理结构，监管部门也应贯彻"一企一策"的思想，在国家宏观政策的框架内赋予国有企业更多的自主权，激发国有企业管理创新和制度创新，只要有利于节约交易成本，提升企业治理效率，就应鼓励国有企业"因企施策"。

2. 促进国有企业治理结构市场化改革

公司治理结构从根本上应该体现的是企业成员间的契约关系，然而在国有企业的实践中体现的是从上而下的指令和行政命令。国有企业成员之间的连接纽带是非契约的，更像是典型的行政组织关系，从而使得国有企业治理结构非市场化运作，导致对国有企业成员的激励不足。在推进混合所有制改革的背景下，国有企业治理结构如何与市场有效融合，对国有企业能否吸引非国有资本参与国有企业改革有着重要影响。因此，混合所有制改革必然要求国有企业治理结构进行市场化改革。目前来看，笔者认为我们应该着重从以下两方面展开：

第一，国有企业治理结构要与市场接轨。企业的治理要根据企业自身的发展和市场竞争状况来决定，不同的企业有不同的治理结构，同一个企业在不同发展阶段的治理结构也大有区别，在这一点上，国有企业与一般企业是相同的。当前，政府对国有企业的治理干预过多，从公司的治理结构设计、管理层级设置以及重要岗位的人事安排方面，无不体现政府干预的"有形之手"，根本不遵循市场规律。国有企业混合所有制改革必然要求公司治理结构必须遵循市场规则，赋予所有股东平等待遇，依照股权多少享有相应的混合制公司的决策权和管理权。

第二，国有企业治理结构要随市场变化而动态调整。市场竞争不断变化，企业的资源状况也会不断变化，企业或扩张或收缩，都会对企业治理模式产生影响。因此，一般企业会主动随市场变化而调整企业的内部治理结构，降低内部交易成本，不断提高企业内部治理效率。然而，如前文所述，国有企业治理结构往往与市场脱轨，国有企业治理"官僚化"倾向严重，国企高管往往有"双重身份"，亦官亦管，国企治理结构固化现象严重，往往难以适应市场的瞬息万变。因此，国有企业混合所有制改革必然要求公司治理结构随市场和企业内部股权结构的变化而动态调整。混合制企业的治理必须遵循市场规则。只有规范法人治理结构，非国有企业才会有机会按市场规则参与国有企业混合所有制改革，非国有企业的合法权益才能有所保障，公司治理的话语权和决策参与权才能落到实处，非国有企业也才有参与国企混合所有制改革的动力。

3. 倒逼国有企业推进建立董事会制度和职业经理人选聘制度

按照现代企业法人治理结构的制度安排，公司董事会是日常公司治理的决策机构，董事会负责执行股东大会的决议，并最大限度地维护股东利益，对公司股东负责，而董事会有权选聘职业经理人来具体负责公司的经营和管理。自从 2004 年国资委提出在中央企业推进董事会制度试点以来，国有企业董事会制度建设虽然取得了一些成效，但总体来说推进是缓慢滞后的，从产权角度来看，主要原因在于国有企业中国有股份一股独大，其至是完全独资，即使有些国有企业实行了股权多元化，也大多是国有企业之间互相参股持股，说到底依然是国有股份占据绝对优势，因而推进董事会制度也就失去了动力源泉。然而，国有企业混合所有制改革却形成倒逼机制，使得国有企业治理结构必须适应混合制企业治理的需要。主要体现在两方面：

第一，混合所有制改革倒逼国有企业必须实行董事会制度，国有非国有股东共同参与公司治理。董事会制度是现代企业股权多元化条件下的有效治理机制，这一制度赋予不同股东在公司治理中的话语权和决策权，董事会的成员实际是出资人及其代理人，股权的多少决定了出资人在公司董事会的决策权大小，而董事会成员都是在维护各自出资人（或者说是股东）的利益，在董事会决策中往往会出现利益聚合和博弈，会对大股东或者控股股东形成约束，使其在董事会决策中不能"为所欲为"，必须维护大多数股东的利益，从而有利于避免大股东或控股股东的盲目决策。在现实中，经常会出现因大股东或控股股东损害中小股东利益，而遭到其他股东联合行动，推翻其原先决策的情况。因此，国有企业混合所有制改革必须引入非国有资本参与国企改制，因为即使是国有资本入股，董事会成员实际都是国有资本代理人，这种代理人身份趋同往往反而导致"入股不参与、参与不反对、盈亏皆可受"的怪象，从根本上说没有发挥董事会制度在公司决策中的关键作用。但是，国企混合所有制改革引入非国有资本必须依据市场规则赋予非国有资本一定的话语权和决策权。在股权不断分散的状态下，非国有资本股东将会在董事会中扮演越来越重要的角色。通过混合所有制改革将能有效促使国有企业完善董事会制度，促使国企依据自身股权结构制定公司董事会章程，以及具体的议事和决策机制，从而倒逼国有企业推进董事会制度建设。

第二，混合所有制改革倒逼国有企业建立和完善职业经理人选聘制度。职业经理人选聘是公司治理的重要内容，在所有权和经营权分离的情况下，无论国有企业还是民营企业委托代理，问题都会出现，委托人为了实现自身经济利益的最大化，通过设计一套经理人选聘制度来选拔出委托人认为最适合经营企业的经理人，经理人在完成委托人的经营目标后可以获取一定的依据市场规则制定的经理人报酬，而一旦经理人的行为损害委托人的利益，委托人可以更换经理人。职业经理人制度是现代企业解决委托代理问题的有效路径，可以有效激励和约束经理人行为，保障了代理人与委托人的目标一致。国有企业目前在推进职业经理人选聘问题上进展缓慢，很多国有企业经理人选聘的数量很少、级别不高、条件约束较多，原因在于国有企业"官僚化"倾向严重，很多高管带有行政级别，导致国有企业尤其大型国有企业成为政府官员安置的特殊路径，在现实中，政府官员与国企高管交叉任职的现象屡见不鲜。然而，国有企业混合所有制改革引入非国有资本会导致非国有股东追求投资回报，会要求公司经理层竭力经营企业，履行经理人职责，而这往往是原先"亦官亦管"的经理层无法实现的。必须要通过职业经理人市场化选聘来实现"能者上、庸者下"，职业经理人薪酬与其经营业绩挂钩，市场化操作，因此，国企要推进混合所有制改革，必须抓紧建立和完善职业经理人选聘制度。

二、沉淀成本对混合所有制国有企业治理结构路径依赖的影响

如前文所述，混合所有制改革要求国有企业治理必须依法依规界定权限、设置管理层级；对治理结构进行市场化改革；并且要积极推进董事会制度和职业经理人选聘制度建设。但是，正如诺思所言"历史是重要的"，国有企业发展历史对其未来改革路径形成了诸多约束，面对国有企业的"沉疴旧病"，并非简单的国有资本非国有资本混合就能"药到病除"，混合所有制改革所要求的国企治理体制机制改革将会受到很大阻力，在不完全市场条件下，企业各要素不可能瞬间出清，其中沉淀成本的真实存在，将会对混合所有制国有企业治理结构路径依赖产生重要影

响。主要表现在以下两方面。

1. 经济性沉淀成本制约着混合所有制国有企业治理结构的演化路径

如前文所述，经济性沉淀成本对国有企业治理结构变迁具有重要影响。但是，在混合制国有企业中，公司治理结构是不是就一定能天然地按照法人治理结构进行变迁呢？新古典经济学假设在完全竞争市场中，市场交易是即时完成的，没有沉淀成本，按照新古典经济学的逻辑，企业和市场都是生产组织方式，完善公司治理结构是为了节约生产成本，最终降低价格，提高市场竞争力，而与企业所有制结构没有关系，公司治理结构是可以瞬间完成变革的且没有成本。然而，在现实经济活动中企业的沉淀成本是无法忽略的，企业规模越大企业历史越长久，沉淀成本对企业生产经营活动的影响就越深，而当中经济性沉淀成本不仅对传统国有企业治理结构变迁影响深远，即使是混合制国有企业治理结构的演化路径也会受到经济性沉淀成本的制约。

第一，混合制国有企业治理结构改革难以变革国企生产组织方式。国有企业经过混合所有制改革后，股权结构发生了变化，非国有资本的入股改变了国有股一股独大或完全国有独资的局面。这种资本的混合带来了所有制变化的同时，更深层次的是涉及企业剩余所有权问题。混合所有制改革只是引起国有企业股权分散，进而促使公司治理结构改革，但是对国有企业生产组织方式的影响却难以立竿见影，主要原因在于国有企业经济性沉淀成本较高。如前文所述，国有企业大多处于国民经济基础性行业，如传统制造业、能源、化工、钢铁、机械、军工等行业，这些国有企业的共同特点就是历史悠久，很多国有企业都是伴随共和国的成长而不断发展壮大的，这就导致混合所有制改革难以改变的一个根深蒂固的问题，那就是生产组织方式难以根本性变革。混合所有制改革更像是一场"自上而下"的改革，最直接的变化表现在股权结构，进而影响公司董事会组成，促使治理结构改革。但是对于历史悠久的国有企业来说，公司治理是从最初的计划经济时代通过"命令经济"来组织企业生产经营的，随着时间的推移，传统国有企业的治理结构也逐步形成了典型的科层制管理模式，而这一历史变迁更表现出"自下而上"的生产决定一切的特征。国有企业混合所有制改革试图通过引入非国有资本，改革公司治理结构，提高生产效率，而现实是资本的高层很难撼动历史形成的生产者"内部人控制"，甚至还可能导致资本被内部吞噬，笔者称之为"资本悖论"。因此，在混合制国有企业中经济性沉淀成本越大，生产组织方式的历史路径依赖就越强，即使治理结构改革也难以变革传统国有企业的生产组织方式。

第二，混合制国有企业人力资本难以完全市场化。如前文所述，经济性沉淀成本制约了国有企业人力资本的发展路径。国有企业实施混合所有制改革成功与否的一个重要标志就在于国有企业人力资本能否市场化，那么问题就在于混合制国有企业能够改变人力资本的发展路径，还是难以避免地陷入路径依赖。笔者认为历史因素将会使混合所有制改革也难以推进国有企业人力资本完全市场化，经济性沉淀成本会是其重要原因。首先，人力资本要想完全市场化，必须是一种通用性人力资本。经济性沉淀成本使得国有企业人力资本通用性不断下降，在混合所有制改革中，人力资本市场化是改革的重要内容之一，但是许多国有企业人力资本的长期投入在其他行业或企业可能毫无用处。比如，钢铁、石油、煤炭、军工等行业人力资本随时间推移经济性沉淀成本不断提高，其通用性却不断下降，导致既使进行混合所有制改革也难以实现人力资本自由的进退。其次，混合制国企难以改变人力资本发展路径依赖。人力资本的发展受市场和企业的双重约束，人力资本通用性强可以通过市场机制来实现发展，而人力资本专用性强则更多依赖企业内部机制发展。国有企业经历了长期的历史发展，人力资本经济性沉淀成本不断提高，人力资本的专用性也随之不断增强，如前文所述，国有企业的人力资本组织依赖性会逐渐增强，国有企业人力资本发展依赖企业内部。混合所有制改革虽然可以促进国有企业人力资本流动，因为随着股权的变动，原先国有企业人力资本结构肯定会发生变化，但是从整体来看，混合制国有企业难以改变人力资本的发展路径。正如诺思所言："路径的改变是由于未能预计到的选择的后果、外部效应，以及一些分析框架之外的力量。"① 然而，国有企业的混合所有制改革会受到市场和政府的双重约束，混合所有制改革对国企人力资本的后果、外部效应以及相关公共政策都会有明确的预判，改变路径的条件难以具备，原先特定路径的报酬递增机制，反而使混合制国有企业人力资本形式发展路径依赖。最后，混合制国有企业治理结构自身对人力资本具有锁定倾向。混合所有制改革将会对国有企业治理结构产生重要影响，股东会、董事会、监事会以及管理层都会发生变革，但是问题在于在混合制国有企业中一旦股份确定，股东在公司治理中的话语权和决策权也就相应确定了。从人力资本角度来看，人力资本的发展主要来自于企业投资和自我投资两部分，在竞争性市场中，自我投资是普遍现象，而企业对人力资本的投资却因人而异，这就是我们俗话所说的个人发展路径往往受岗位影响。比如，一个专业技术人才往往会延续技术发展路径，一个管理人才往往会沿袭管理发展路径，这是

---

① ［美］道格拉斯·C.诺思. 制度、制度变迁与经济绩效［M］. 杭行，译. 上海：上海人民出版社，2008：155.

典型的企业人力资本投资。但是，混合制国有企业各股东股份确定后，各股东及其代理人将会进入企业，随着混合制国企治理结构的稳定，企业的人力资本将会产生自我锁定效应，其原因在于在追求"股东利益至上"的原则下，为了追求人力资本投资收益最大化，股东会倾向于人力资源专业化发展，进而对人力资本产生锁定倾向。

第三，混合制国有企业治理结构改革难以摆脱传统管理思维和方式。混合所有制改革必然会带来国有企业治理结构的变革，但是从根本上来讲，治理结构的设计只是企业治理的基础框架，最终要想使治理结构不断完善并发挥作用，还是要靠企业家的管理才能发挥。那么问题就在于混合制国有企业能自发地使国企经理人摆脱传统的管理思维和方式吗？笔者认为经济性沉淀成本的存在，使得国企经理人摆脱传统管理思维和方式并非易事。首先，历史因素不可回避。任何一项改革都是历史的延续，也是对历史的发展。国有企业的改革从20世纪90年代开始一直持续至今，每一次改革无不是站在新的历史起点。当前国有企业推进混合所有制改革是国有企业市场化改革的重要一步，很多国有企业高管也是在国有企业内部逐渐培养成长起来的，他们对于国有企业的改革来说，既是经历者也是参与者，甚至是决策者，他们在混合制国有企业治理中无法摆脱历史因素对其的影响。国有企业改革具有共性问题，但具体每个企业还有个性问题，每一个国企的历史发展是不同的，决定了其在今后改革发展中的路径选择，作为决策者的国企经理人也很难改变历史的影响。其次，国企经理人成长和经营环境约束。改革离不开具体的政策环境，政策环境对一项改革政策的执行具有能动作用。混合所有制国有企业治理结构改革同样面临这样的问题。国有企业经理人的成长和经营环境是历史形成的，从宏观来说有国家经济体制的影响，从微观来看，国有企业的发展史对企业的内外部环境的形成产生深远影响。因此，国企经理人在混合制国有企业治理结构改革中不可避免地会受到企业环境的约束。最后，国企员工传统管理思维惯性难以根除。国有企业混合所有制改革是市场化改革的一个重要目标和途径，国有企业的治理结构也要与市场接轨，发挥市场在企业治理中的基础性作用。但是，管理最终都是做人的工作，而企业员工并非对市场化治理结构改革认同、接受和服从，国有企业员工更是受传统科层管理和命令经济影响，员工在日常生产经营活动中"等、靠、要"的思想依然存在，市场化的激励往往难以奏效，甚至还会引来抵触情绪，这些都是由国企发展的历史因素而来，国有企业的历史遗留问题依然难以解决。比如，许多国有企业员工常常一家几口，甚至几代人都在企业中工作，失业的影响难以估计；"三供一业"问题仍待解决等，诸如此类历史形成的政策性负担，常常使得国企员工传统管理思维难以根除。

2. 制度性沉淀成本形塑了混合所有制国有企业治理结构的制度变迁

如前文所述，经济性沉淀成本对混合所有制国有企业治理结构演化路径起着制约作用，同样制度性沉淀成本也会形塑其治理结构的制度变迁路径。有两种力量形塑了制度变迁的路径：报酬递增，以及以明显的交易费用为特征的不完全市场。① 制度性沉淀成本给混合所有制国有企业治理结构改革带来交易成本的不确定性和报酬非递增性。在完全竞争市场中，报酬非递增使得制度无足轻重，但是在现实的不完全竞争市场中，报酬递增是普遍现象，因而制度就显得格外重要。正如诺思所言："制度在变迁，

---

① ［美］道格拉斯·C. 诺思. 制度、制度变迁与经济绩效［M］. 杭行，译. 上海：上海人民出版社，2008：130.

而相对价格的根本性变化乃是制度变迁的最重要来源"。① 因此，作为成本重要构成的制度性沉淀成本对混合制国企治理结构的制度变迁将会产生重要影响。

第一，正式制度沉淀成本约束了混合制国企治理结构改革路径选择。按照科斯（1937）的观点，交易成本是企业存在的基础。在零交易费用世界里，组织无足轻重，而企业作为一种组织在真实世界中将担负节约交易成本，实现组织财富（或利润）最大化的责任。为了实现这些目标，组织会不断设计和改变制度结构，为组织活动提供制度性激励约束。但是，一旦制度结构能够使得身处其中的企业员工、经理层以及股东等实现帕累托最优，制度结构就会趋向稳定。产生稳定性的是一系列约束的复杂组合，其中包括嵌套在科层结构中的各种正式规则。在这种科层结构中，任何一种改变都只会产生比其原先状态更高的成本。② 正式制度的制定、实施以及监督都要投入成本，在不完全竞争市场中，有效的制度结构可以节约交易成本，但是正式制度沉淀成本与科层结构的复杂和制度的持续履行成正比例关系。因此，随着国有企业正式制度与科层结构有机结合，正式制度实施的历史越长，其稳定性也就越强，而混合所有制改革将会对原先的科层结构和制度结构形成挑战。但问题在于，历史形成的稳定的制度结构改革成本将是高昂的，理性的混合制国有企业经理人在治理结构改革中将会比较正式制度沉淀成本与改革收益之间的相对价格。面对改革成本（包括正式制度沉淀成本）的高昂以及改革收益的不确定性，混合制国有企业管理层追求网络外部性和报酬

---

① ［美］道格拉斯·C. 诺思. 制度、制度变迁与经济绩效 ［M］杭行，译. 上海：上海人民出版社，2008：115.

② ［美］道格拉斯·C. 诺思. 制度、制度变迁与经济绩效 ［M］杭行，译. 上海：上海人民出版社，2008：114.

递增，治理结构改革路径选择将会受到无形约束，从而产生路径依赖。

第二，非正式制度沉淀成本抑制了混合制国企治理结构的变迁需求。在我们日常生活工作中，非正式制度无时无刻不约束着我们的行为和选择，这些非正式制度约束往往由文化、道德、传统、习俗以及惯例等共同组成，非正式制度变迁缓慢而难以突破，它往往与正式制度形成复杂的互动关系，共同影响着组织的运行。如前文所述，非正式制度沉淀成本是国有企业治理结构路径依赖的"无形之手"，而在混合所有制改革中打破原先治理结构，构建混合制国企治理机制和法人治理结构是不能回避的问题，但是非正式制度沉淀成本的存在将会大大抑制混合制国企治理结构变迁需求。其主要原因在于：一方面，沉淀成本诱使由非正式制度形成的利益集团追求报酬递增，导致变迁需求难以持续和稳定。非正式制度的形成需要较长时间，而一旦形成就会对身处其中的人员产生非正式约束，进而逐步产生沉淀成本。在正式制度和非正式制度共同作用下，组织及其成员利益会产生分化聚合，逐步会形成利益集团，而利益集团天然追求利益最大化。在正式制度约束下，利益集团的利益会逐步均衡，而非正式制度却能打破这种均衡，有利于利益集团追求报酬递增。利益的诱惑将会使得利益集团倾向于历史形成的非正式制度延续，从而降低了混合制国有企业中利益相关者对治理结构的改革动力，导致变迁需求难以持续和稳定。另一方面，非正式制度形成的历史性沉淀成本使得治理结构变迁成本高昂，弱化了混合制国企变迁需求。非正式制度变迁不仅需要有稳定而持续的变迁需求，使得利益相关者参与和支持变迁，而且要求变迁成本能够得到有效控制。非正式制度的历史性沉淀成本在国有企业混合所有制改革中会发挥重要作用。正式制度和非正式制度共同约束了国有企业治理改革路径选择。在国有企业改革历史中，非正式制度逐步形塑了企业治理中的利益结构，而打破这种利益结构，重塑混合制治理结构可能会付出高昂的变迁成本，从而弱化了混合制国企治理结构变迁的需求，使治理结构改革难以走出路径依赖。[①]

第三节　完善国有企业治理结构，推进混合所有制改革的历史思考

从前文所述，我们可以发现，沉淀成本的历史性在国有企业改革发展中体现得尤为突出。在改革进程中，国有企业治理结构也是不断变革的，历史性的沉淀成本甚至越来越成为公司治理结构改革的羁绊。因此，如何理性看待沉淀成本及其历史性问题，对我们探索推进国有企业混合所有制改革，完善混合制国企法人治理结构，超越路径依赖，具有现实意义。笔者认为，从历史的角度来看，完善国有企业治理结构，推进混合所有制改革可以从以下几方面着手。

一、推进国有企业兼并重组，降低经济性沉淀成本，完善混合制国有企业法人治理结构

经济新常态下中国企业整体出现了效益下滑、产能过剩、库存增加等问题。在这样的宏观经济环境下，推进国有企业混合所有制改革有更多不确定性，在历史与现实的双重约束下，市场不完全性得以加强，这对国有企业混合所有制改革也会产生影响。面对市场不完全，如何降低经济性沉淀成本，推进混合所有制改革？我们可以从以下几点着手。

---

① 邹俊，张芳.沉淀成本对国有企业治理结构路径依赖的影响及其市场化超越[J].现代经济探讨，2017（5）：11-15.

1. 加快推进国有企业兼并重组，降低生产管理沉淀成本

从 20 世纪 90 年代末开始，国有企业兼并重组就进入了历史议程，其中虽然经历了不同的改革"主题"和核心目标，但兼并重组一直是中国国有企业改革历史的主旋律之一。兼并重组使得国有企业布局不断优化，资源配置更加合理，效率得到提升，经济绩效明显改善，国有企业竞争力得到迅速提高，这些正是国有企业改革重组的历史逻辑。面对经济新常态，国有企业供给侧结构性改革也势在必行，必须从国有企业产业结构布局，转型升级以及国企内部治理改革等方面推进结构性改革，而混合所有制改革则是重要的突破口和着力点。笔者认为兼并重组在当下新的历史条件下依然是推进国有企业混合所有制改革的重要政策工具，尤其对于完善混合制国企治理结构来说更是有效的手段。但是，当前国有企业兼并重组应该着重推进专业化重组、联合重组和纵向一体化重组，因为这类兼并重组可以有效降低生产管理沉淀成本，使得各自企业原先的生产管理投资得到最大化利用，从而有利于提高效率，实现强强联合。另外，我们不仅要强调国有企业间重组，也要勇于按市场规则和非公企业间兼并重组，大胆进行混合所有制改革，在兼并重组中实现股权多元化，推行董事会制度，进而完善混合制国企法人治理结构。

2. 加快构建国有企业经理人市场，降低人力资本沉淀成本

兼并重组不仅是推进国有企业混合所有制改革的重要政策工具，也是构建经理层市场化激励约束机制的重要路径。当前，国有企业高管"双重身份""亦官亦管"现象严重，国企高管行走于政府与企业之间。国有企业难以市场化的一个重要原因就在于国企经理人人力资本沉淀成本较高。从目前体制机制来看，国有企业经理人在政府与国企间切换是节约人力资本沉淀成本的理性

选择。因此，从历史角度来看，就像国有企业改革初期搞"承包制"和"股份制"探索一样，国有企业要真正有效地推进混合所有制改革，构建国有企业经理人市场是绕不过去的"坎"。笔者认为在当前经济新常态下，为落实"三去一降一补"，通过兼并重组可以加快构建国有企业经理人市场：一方面，在重组和混合所有制改革过程中，对国有企业经理人进行分类改革，对政府委派的董事会成员以及其他经理人实行"公务员薪酬＋绩效薪酬"或者固定"年薪制"，这部分经理人我们称之为"官员制经理人"；而另外一部分经理人则完全市场化招聘，要打破原有的薪酬体系，构建基本薪酬、企业绩效薪酬以及股权激励等多种薪酬方式相结合的薪酬制度，从而保障市场化经理人合理价值诉求。这部分经理人我们称之为"聘任制经理人"。在兼并重组和混合所有制改革中，可以坚持"自主选择、分类管理、竞争上岗、风险自担"的原则进行分流，从而有利于从内部构建可竞争的经理人市场，完善混合制国有企业治理结构。另一方面，对国企经理人的内部分流和分类管理虽然有效，但并不能从根本上激活混合制国企活力，最关键的还是要引入市场竞争机制，在市场化兼并重组中，由市场决定重组中谁更有话语权和主动权，这样就会给予国有企业经理人无形的外部市场竞争约束，对国企经理人进退放松管制，降低人力资本沉淀成本，构建"能进能退""能者上，庸者下"的国有企业经理人竞争市场。

二、加强制度创新，降低制度性沉淀成本，构建混合制国有企业治理结构改革制度保障

国有企业经过多年的改革发展已形成较为完备的经营管理制度和监管体系，制度性沉淀成本也随历史发展逐渐累积。在当前混合所有制改革背景下，混合制国有企业治理结构改革必须改变简单的行政命令，而要在尊重历史的基础上，着力在如何降低制度性沉淀成本上下功夫，从而实现"桃李不言，下自成蹊"，笔者认为可以从以下几方面着手。

1. 加强制度创新，做好国有企业治理结构制度的"废、改、配、创"

国有企业混合所有制改革从根本上说是涉及产权的改革，虽然国有企业推行股权多元化已有多年，但在实际中大多是国有企业之间互相持股，说到底都是国有资本，因此在制度上国有企业治理一直都是围绕国有资本占绝对优势来推进，换句话说，体制内国有资本运营色彩浓厚；而混合所有制改革重要的区别在于国有企业改革引入非国有资本，因此，原先国有企业治理制度框架将面临诸多挑战，必须要加强制度创新，竭力降低制度性沉淀成本，使得国有和非国有资本在混合制国有企业中通过制度共担企业治理权责，实现合作共享。因此，笔者认为我们抓紧做好国有企业治理结构制度体系的改革创新，可以着重从四个方面推进：废除部分与混合所有制改革不相容的制度，如"三供一业"、员工内部福利等历史遗留问题及其相关制度；改革一批原先国有企业治理制度，使其更加适应混合制国企的需要，如人事制度、薪酬制度以及社保制度等；配套一批制度，营造良好的外部环境，促进混合制国有企业治理结构改革，如非国有资本参股权益保障制度、混合制国企公众监督制度以及信息披露制度等；创新一批混合制国企治理制度，完善相关法律规章，如混合制国企董事会制度、管理层股权激励制度、混合制国企员工持股制度以及非国有资本进入退出制度等。

2. 加强国有企业治理结构"个性化"改革，实施"一企一策"

每一个企业都有其独特的发展历史，国有企业治理不仅受到政府相关政策约束，还会因为企业所处产业、竞争者状况、企业资源以及企业家精神等内外部因素影响，这些最终都会形成企业独特的治理制度变迁。因此，任何一项改革都是对历史的扬弃，对国有企业治理结构改革更是要尊重企业发展历史，推行"个性化"改革，因企施策，强调"一企一策"，不能搞"一刀切"。笔者认为应当着力处理好以下几个关系：首先，要处理好混合制国有企业治理结构问题的普遍性和特殊性关系。公司治理结构问题不仅国有企业存在，非公有制企业也同样存在。比如，早年国美所有权的争夺、雷士照明内部高管纷争以及阿里巴巴合伙人制度的演变，说到底都反映了公司治理结构的复杂性和不确定性。因此，对于混合制国企治理结构问题既有一般国有企业治理的通病，也有着不同企业历史发展形成的特殊问题，完善法人治理结构一定要放到特定的企业环境中考量。其次，处理好历史制度性沉淀成本与治理结构改革成本的关系。如前文所述，任何制度的制定和执行都需要企业资源或政府资源的支持，历史制度性沉淀成本是现实的，总有一部分制度性沉淀成本是无法收回的，而国有企业混合所有制改革在实际推进中必须尽可能降低制度性沉淀成本，减少治理结构改革成本，对于制度性沉淀成本较高的治理结构改革，要结合混合制改革的收益进行成本收益分析，不能盲目硬性推进，要处理好存量沉淀成本和增量投入成本的关系，分清轻重缓急，减少制度障碍。最后，要处理好混合制国企治理结构改革阶段性任务与最终战略目标之间关系。国企治理结构的完善不可能一蹴而就，在推进混合所有制改革的背景下，历史形成的国有企业治理结构沉淀成本是不可回避的现实问题，对于混合制国企治理结构改革也需要逐步推进，对于大型国有企业更是如此，因此，我们既要有明确的改革战略目标，即按市场化规则实行公司法人治理结构，也要有治理结构改革阶段性任务，处理好两者关系，尽可能降低治理结构改革涉及的人和组织的沉淀成本，减少改革阻力，凝聚支持改革力量，使混合制国企治理结构改革有目标有步骤地推进。

3. 推进混合制企业文化建设，构建混合制国有企业治理结构改革制度保障体系

如前文所述，制度结构由正式制度和非正式制度共同组成。在企业制度性沉淀成本中，非正式制度占据重要部分。非正式制度的形成是一个历史过程，它往往是伴随企业成长而不断演化而成的，其中企业文化可以说是非正式制度的集中体现。公司是一种组织、一种制度，更是一种文化。[①] 企业文化不仅是企业的重要资源，也约束着企业员工的行为、价值观和目标选择。企业文化是企业特质的表现，也是一种企业基因，是可以传承的，但是不同所有制企业文化融合是历史的新命题。在国有企业混合所有制改革背景下，混合制企业文化建设亟须提上日程，可以从以下两点着手推进：其一，传承优秀国有企业文化基因，降低非正式制度沉淀成本，为混合制国企治理结构改革提供企业文化支撑。中国国有企业是新中国的经济基础，经过长时间的发展，也涌现了诸多优秀的企业文化和优秀人物，这些企业文化尤其在对员工关怀、社会福利以及其他履行社会责任方面具有独特的企业文化基因，这些都是值得继承和发扬的，也为混合制国企治理结构改革提供了良好的企业文化支撑，有利于企业员工和管理层产生文化认同，从而降低非正式制度沉淀成本。其二，加快构建法治、共享的混合制企业文化，建设混合制国有企业治理结构改革的制

---

① 　马连福，王丽丽，张琦．混合所有制的优序选择：市场的逻辑 [J]．中国工业经济，2015（7）：5 – 20．

度保障体系。国有企业混合所有制改革要按市场规则依法推进，而混合制企业文化建设也要倡导法治，无论是国有资本还是非国有资本都应该依照《公司法》及其他法律法规，平等地参与混合制企业的治理，享有相应的权益。混合制企业的法人治理结构的改革应该遵照法治精神，董事会及管理层应该平等对待各类资本及其代理人，弱化不同性质资本的矛盾，倡导开放包容的混合制企业文化，保障各类所有者的合法权益，整合不同企业文化，取长补短，逐渐培育混合制企业共同的价值观、经营理念和战略目标，共享混合制企业的发展成果，从而在改革中逐步构建混合制国有企业治理结构改革的制度保障体系。

三、打破利益结构，超越路径依赖，推进混合制国有企业治理结构改革

通过前文分析我们发现，沉淀成本约束着组织和个人的现实选择，政治组织与经济组织通过网络外部性以及其他途径，追求报酬递增，从而逐渐强化现存的制度结构，进而引导政治或经济组织路径依赖。国有企业治理结构完善问题由来已久，一个重要的原因在于国有企业与政府及相关政治组织关系难以厘清，在国有企业长年的改革发展历史中，形成了"制度结构→利益结构→行为结构→制度结构"的封闭型改革模式，因此，国有企业治理改革问题常常是"雷声大雨点小"，甚至不了了之也就不难理解了。打破利益结构，是推进国有企业治理结构改革的关键问题，而混合所有制改革是重要的政策工具，可以有效打破原先封闭型的改革模式，有利于超越路径依赖。当前可以从以下两方面着手。

1. 转变政府职能，打破国有企业与政府的利益链条

《关于深化国有企业改革的指导意见》和《关于改革和完善

国有资产管理体制的若干意见》都提出发展混合所有制经济，正确处理好政府与市场关系，以管资本为主加强国有资产监管，真正赋予国有企业市场主体地位，推进政府国有资产监管职能转变。因此，要在政府转变职能中积极实施政府机构重组，整合部门权力结构，避免交叉管理、多头管理和管理盲区，逐步完善国有资本管理体制。① 从治理角度来看，政府及其他公共部门与国有企业都会有着千丝万缕的联系，尤其是政府，更是如此。因此，这也就导致国有企业与政府存在着利益关系。发展混合所有制经济关键在于引入非国有资本参与国有企业改革，而转变政府职能势在必行。政府要放松管制，减少审批程序，为非国有资本投资入股国有企业创造良好政策环境，积极推行清单制度管理，营造公平公正的市场竞争环境，切断和阻止政府的寻租行为，打破国有企业与政府在改革发展历史中形成的利益链条。另外，对于混合制国有企业外部治理结构建设而言，要大力推进服务型政府和法治型政府建设，一方面，政府要为企业提供优质的公共服务，另一方面，政府也要依法监管混合制国有企业，对企业重大投资和经营事项要加强监管，防止利益输送，确保国有资本安全和保值增值。

2. 打破利益集团路径依赖预期，严格规制合谋行为

在契约不完全和信息不完全的条件下，国有企业及其相关利益者在混合制治理结构改革中，依然会信奉制度结构的报酬递增特征。因此，国有企业的相关利益集团就会有较强的路径依赖预期，甚至会采取合谋行为，阻碍不利于利益集团的改革政策和制度出台。为此，我们必须有充足的准备，并进行结构性的制度创

---

① 邹俊. 转变政府职能对国有投资公司市场化运营改革的影响效应分析 [J]. 内蒙古社会科学, 2015 (6): 111-116.

新，打破利益集团的路径依赖预期，规制合谋行为。笔者认为：一方面，我们要在混合制国企治理结构改革中做到信息充分，使得各类资本在企业治理中信息均衡，除非涉密，企业治理中的信息，所有股东都有共享权；另一方面，在混合制国企治理结构改革中要大力发挥契约精神。虽然完全契约难以实现，但是没有契约精神更为可怕。对于各类资本在国有企业混合所有制改革中通过谈判、博弈、妥协，最后达成的契约，应该给予充分尊重和执行。政府应完善相关法律法规予以公平监督，并且要严格规制各类合谋行为。通过这两方面，可以使得利益集团意识到原先国有企业治理制度结构有报酬递减倾向，从而有效打破对混合制国企治理路径依赖预期，使得利益集团更倾向于依照契约合法合规获取收益，也引导利益集团参与混合制国企治理结构制度创新，构建和完善混合制国有企业治理制度结构，超越路径依赖。

四、遵循历史规律，结合供给侧结构性改革，稳步推进国有企业混合所有制改革发展

伴随中国社会主义市场经济建设，国有企业改革发展经历了三十余年，也伴随着不同改革主题的变换，但是中国国有企业改革既受到欧美国家国有企业改革浪潮的影响，也受到国内改革开放和市场经济体制深入发展的影响。纵观国内外国有企业改革历史，"产权"和"效率"始终是核心议题。从国内外国有企业改革发展历史来看，改革有其固有的历史规律，在当前推进混合所有制改革的过程中，我们尤其要遵循历史规律，既不能违背历史规律，也不能超越历史发展规律，笔者建议应该从以下几方面着手。

1. 遵循市场规律，稳步推进国有企业混合所有制改革

市场有其自身的调节机制，建设社会主义市场经济的核心就

是要遵循市场规律。按照党的十八届三中全会提出的要求"发挥市场对资源配置的决定性作用",而市场能够充分发挥作用的重要条件是价格和竞争。国有企业混合所有制改革也要遵循市场规律,政府应该在市场机制的基础上,因势利导,稳步推进,笔者认为应该着重从两方面发挥市场作用:一方面,发挥价格机制作用。国有企业混合所有制改革涉及的不仅是各类资本的融合,所有权的变化,更深层次的是关系到混合制企业治理思维和模式的变换,混合制国企更要关注价格机制的导向作用,不仅非国有资本参与混合所有制改革涉及股价、资产价格等价格因素,在混合制国企治理中也要关注经理层、科技人员、骨干员工等激励问题,归根到底都是要尊重和发挥价格机制作用,宜混则混,淘汰冗员,激发混合制国企治理的内生活力。另一方面,营造公平竞争的市场环境,使国有企业改革市场充分竞争。国有企业混合所有制改革不论是非国有资本的选择,还是治理结构的改革创新,都需要在开放公平市场环境下,通过市场机制促进参与混合所有制改革的各方充分沟通、谈判以及博弈,因此,笔者建议应尽快建立国有企业混合所有制改革信息平台,为市场提供充分有效的信息,构建国有企业混合所有制改革的可竞争市场,并完善与混合所有制改革相关的法律法规,平等保护国有和非国有资本的权益,从而营造良好的市场竞争环境。

2. 尊重企业发展规律,推进国有企业供给侧改革

作为一个组织,企业的发展也有其内在规律。一个企业的发展既会受到内部要素的制约,也会受到外部市场的影响,此外,国有企业还会受到政府监管和公众的舆论监督,更是复杂。在中国经济新常态下,供给侧改革成为当务之急,国有企业供给侧结构性改革更是其重要组成部分,当前如何结合混合所有制改革推进国有企业供给侧改革是我们面临的新课题和新任务。笔者认为

可以从以下几方面着手：其一，尊重企业发展规律，因势利导，推进"去产能"。企业为了应对竞争，都有追求规模经济的内生动力，但是在不完全市场条件下，市场失灵是难以避免的，加之科技创新不断提高生产力水平，提升需求。近年来，国有企业产能过剩问题突出，政府应该尊重市场和企业发展规律，因势利导，推进"去产能"，对一些资不抵债、技术落后的"僵尸"国有企业进行市场出清，从而提高国有资本配置效率，促进国有企业整体健康可持续发展。其二，坚决推进国有企业绿色转型发展。国有企业要主动适应经济新常态，国有企业供给侧结构性改革关键核心在于转型升级，国有制造企业要主动淘汰落后产能，降低能耗，推进企业实施绿色转型升级战略。国有企业只要能部分收回沉淀成本就可以通过混合所有制改革促进国有企业"关停并转"，从而实现国有制造企业产能优化和产业结构调整。其三，坚决"做强、做优、做大"国有企业，实施创新驱动发展战略。国有企业，尤其是大型国有企业是我国国民经济的重要支柱，也是我国企业参与国际竞争的主力军。改革开放四十年来，国有企业对我国经济社会发展的重要贡献不容漠视，我们也应该在实现"两个一个百年"的征途中坚定"做强、做优、做大"的信心和决心。当前，要"做强、做优、做大"国有企业，最重要的是实施创新驱动发展战略。加大科技创新"优选精选"，提高国有资金使用效率。科技创新存在很大的不确定性，为降低风险，提高国有资金使用效率，必须强调技术创新的"优选精选"，在科技创新中对关键领域和关键技术加大投入。[1] 在加强科技创新同时，国有企业也要在混合所有制改革中加强制度供

---

[1] 邹俊 . "中国制造 2025"战略下推进国有企业转型升级的难点与对策 [J]. 经济纵横，2015（11）：78 – 82.

给，尤其混合制国有企业治理的结构性改革创新仍需要我们在实践中不断探索总结，而不能故步自封。正所谓："不忘初心，方得始终。"①

---

① 邹俊，汤吉军. 完善混合制国有企业法人治理结构的路径选择——基于沉淀成本理论的分析 [J]. 湖湘论坛，2017（6）：106－113.

第三章　不完全竞争性对新时代国有企业治理创新的影响分析

　　中国国有企业改革初期，国内外很多学者争议的焦点就是国有企业不具有竞争性，大多认为国有企业绩效是非竞争性市场绩效，应该引入竞争，减少国有企业政策性负担（Lin et al）[1]。而在党的十八大之后，尤其在中共中央、国务院《关于深化国有企业改革的指导意见》发布之后，学者们大都秉持按公益类和商业类进行国有企业分类改革，对于商业类国有企业有学者认为应该再分为竞争性和非竞争性两类（钱津）[2]，对竞争性国有企业应该以多种形式推进混合所有制改革（杨瑞龙[3]，2018），同时要加大对竞争性混合所有制企业的监管（程承坪、吴方)[4]。而对公益类和非竞争性商业类国有企业，学者大多认为应该实行国有国营或国有控股，但是近年来很多学者发现对待竞争性国有企业混合所有制改革要采取审慎态度，混合所有制本身只是一种过

---

①　Justin Yifu Lin, Fang Cai, Zhou Li. Competition, Policy Burdens, and State-Owned Enterprise Reform [J]. *The American Economic Review*, 1998, 88 （2）: 422 –427.

②　钱津. 论国有企业改革的分类与分流 [J]. 经济纵横, 2016 (1)：35 –40.

③　杨瑞龙. 国有企业改革逻辑与实践的演变及反思 [J]. 中国人民大学学报, 2018 (5)：44 –56.

④　程承坪, 吴方. 竞争性混合所有制企业监管探讨 [J]. 天津社会科学, 2018 (6)：105 –110.

渡性制度安排（伍开群①；周敏慧、陶然②），国有企业退出竞争性领域不利于坚持和巩固公有制主体地位，不利于"多种所有制经济共同发展"（付钦太）③，有学者研究发现国有产权结构比重的提高对行业利润率具有正向影响，外部可竞争性和竞争性对行业利润率具有负向影响，内部可竞争性对行业利润率具有正向影响（侯艳良、王晓明）④。由此可见，国有企业改革并非简单的"一混就灵"，混合所有制改革不应该在全国和所有公用事业领域内"一窝蜂"地推进，不区分自然垄断与可竞争程度的改革存在政策效果的不确定性，混合所有制改革应优先在竞争性环节开展（陈林）⑤，而即使竞争性行业国有企业改革也应注重厘清政企关系，减少政府过度干预（廖红伟、徐杰）⑥。

从近年来的研究文献来看，虽然大多学者较认可分类改革的思路，但在混合所有制改革问题上却出现了反复，即使是对竞争性国有企业混合所有制改革也从开始的积极推进转为审慎对待。总结对国有企业改革问题认识的起伏波折，一个根本性的问题在于对国有企业不完全竞争性的现实认识不到位，认为混合所有制改革可以彻底解决国有企业不完全竞争性的属性，显得过于理论化而不现实。因此，本书试图从探寻国有企业不完全竞争性这一

---

① 伍开群．混合所有制：过渡性制度安排［J］．河北经贸大学学报，2017（3）：15－20.

② 周敏慧，陶然．中国国有企业改革：经验、困境与出路［J］．经济理论与经济管理，2018（1）：87－97.

③ 付钦太．"国有企业退出竞争性领域论"辨析［J］．理论探讨，2015（1）：83－86.

④ 侯艳良，王晓明．可竞争性、竞争性与中国工业市场绩效［J］．经济与管理研究，2014（10）：81－91.

⑤ 陈林．自然垄断与混合所有制改革——基于自然实验与成本函数的分析［J］．经济研究，2018（1）：81－96.

⑥ 廖红伟，徐杰．政府干预与国有企业高管薪酬激励有效性：制度背景与传导机制［J］．理论学刊，2019（4）：76－87.

根本属性的理论根源出发，剖析其在现实世界的表现，进而提出如何遵循和利用其不完全竞争性，提升国有企业改革政策的有效性以及提高整体社会福利水平。

第一节　国有企业不完全竞争性的理论溯源、现实表现与政策启示

一、国有企业不完全竞争性的理论溯源

现代国有企业的诞生和发展有着悠久的历史。世界各国基本上都存在国有企业，虽然各国对国有企业的定位和改革不尽相同，但是对国有企业的行政垄断、削弱竞争、预算软约束等问题基本上都是公认的，而这些归根结底都源于不完全竞争性这一国有企业的根本属性，可见不完全竞争性的客观存在本身就有着其深厚的理论根源。

（一）马克思主义公有制理论

回顾历史，世界各国在建立国有企业的出发点上有着天壤之别，以马克思主义理论为指导的社会主义国家把国有企业视为其经济基础，认为建立以国有企业为主导的公有制经济是人类社会发展的规律和趋势。马克思主义认为生产资料私有制与社会化大生产之间的矛盾不可调和，最终导致无产阶级与资产阶级斗争，进而使人类从资本主义社会走向共产主义社会，而以国有企业为代表的公有制经济的建立和发展是这一过程中的重要历史现象。

马克思在《资本论》中通过深入剖析资本的蓄积、循环、周转以及利润获取等经济活动，敏锐地发现剩余价值和相对剩余价值这一无产阶级不平等的经济根源问题。正如马克思所言，"各个资本家和各特殊生产部门的资本家全体，都关心总资本对

总劳动阶级的榨取及其榨取程度"。① 并且 "资本家在相互竞争上，虽彼此以假弟兄相待，但对于劳动阶级全体，却仍形成一个真的秘密共济团体"，② 由此可见，资本主义制度下的市场竞争并非自由的、完全的公平竞争，要根本解决这一社会问题，只有通过消灭私有制，建立公有制，为实现计划经济打下基础，其根本反映的是通过构建公有制经济的不完全竞争模式来纠正和替代私有制下资本家对劳动阶级的榨取，其突出表现就是通过建立国有企业来实现有计划的社会化大生产，克服资本主义内生的无政府状态。总而言之，计划经济的历史必然是国有企业的逻辑基础，而国有企业则是计划经济的现实基础。③ 换句话说，劳动阶级要摆脱资本阶级的榨取，就必须通过不完全竞争的公有制经济来摆脱私有制下资本对生产资料、劳动、商品价格、供求关系以及利润的控制。虽然公有制有多种实现形式，但是在国家存在的阶级社会中国有制是最为普遍和现实的形式，国家所有制即国家以生产资料所有者身份，直接占有和支配一部分生产资料，国有企业是其最典型的表现形式。④ 由此可见，在马克思主义公有制理论中，国有企业从建立之始就带有不完全竞争性，肩负着提高生产力促进社会化大生产，消灭剥削，实现按劳分配的历史使命。

（二）凯恩斯主义国家干预理论

相对于马克思主义者从历史演变、社会形态以及阶级斗争角度对国有企业的建立、发展以及历史使命的不同认识，资本主义国家在所谓自由市场经济发展的过程中，其内生的矛盾和问题愈

---

① 卡尔·马克思. 资本论（下）[M]. 北京：北京联合出版公司，2014：181.
② 卡尔·马克思. 资本论（下）[M]. 北京：北京联合出版公司，2014：183.
③ 金碚. 中国国有企业发展道路 [M]. 北京：经济管理出版社，2013：28.
④ 赵守日. 闯关：西方国有经济体制革命 [M]. 广州：广东经济出版社，2000：23.

发严重。市场失灵突出表现在三个方面：一是市场经济内生的贫富差距过大导致有效需求不足和周期性经济危机；二是垄断和外部性问题；三是公共产品供给不足，为此，资本主义国家不断争夺世界资源和市场，转嫁国内矛盾和危机，导致两次世界大战的爆发。特别是1929—1933年，资本主义世界爆发了空前的世界经济大危机，秉持自由竞争的古典主义经济学遭受了理论和现实的挑战，凯恩斯主义国家干预经济理论登上历史舞台并逐渐在资本主义国家中受到追捧。

1936年，凯恩斯完成的《就业、利息和货币通论》标志着凯恩斯主义国家干预理论的成熟，其主导思想是在市场经济条件下摒弃传统的政府"守夜人"的角色，通过国家"有形之手"主动干预经济来管理和控制总需求，提供公共产品，弥补和纠正市场失灵，从而刺激经济发展。凯恩斯主义国家干预理论说到底是通过对市场机制的完善来缓和与解决资本主义的周期性的经济危机问题。为了实现国家对经济的干预，建立和发挥国有企业特殊功能是一个现实而有效的路径，第二次世界大战后美国的罗斯福新政就是对凯恩斯主义的成功试验。随后资本主义国家竞相实施国家干预经济政策，尤其是通过国有化政策发展一些关系国民经济的基础产业和公用事业，并通过建立国有企业来实施一系列国家福利政策。因此，从凯恩斯主义国家干预经济的理论逻辑出发，我们可以明显看出国有企业在与政府关系、融资手段、公共产品供给、产权以及经济目标上已经与一般企业有着"天壤之别"，从诞生伊始就被赋予了不完全竞争性，承担着弥补市场失灵，落实国家宏观经济干预政策的功能。

（三）公共政策工具理论

20世纪，随着社会经济的发展，国家的经济和社会管理职能越来越扩大和复杂，由此使得世界各国普遍出现政府规模扩张的趋势。即使如此，世界各国政府在履行国家职能过程中仍然捉襟见肘，在此过程中国有企业的功能和作用也逐步从生产组织形式转变为政府的公共政策工具，演变为一种集政治性与经济性于一体的特殊的经济组织，由此也带来国有企业公共政策工具理论的发展。其实，在公共经济学和公共政策学相关理论中对国有企业的公共政策工具属性基本形成共识，总的来说，相关理论研究主要突出围绕两点展开：

第一，国有企业是具有强制性的低成本高效的政策工具。第二次世界大战之后，世界各国百废待兴，政府"守夜人"角色难以胜任，资本主义国家凯恩斯主义逐渐盛行，国家干预经济最终需要通过一系列公共政策来实现。在公共政策理论研究初期，政府和理论研究者把重点放在如何制定好政策，但是实践中发现公共政策并非像政策制定者设想的那样可以达到政策目标，尤其美国的许多社会福利政策没有达到预想政策效果，甚至失败；这些使得政府和公共政策研究者开始意识到政策执行的重要性，而要执行好政策实现政策目标，如何选择有效的政策工具就成为现实问题。Michael Howlett 和 M. Ramesh 从强制性程度将政策工具分为自愿性工具（志愿者组织、市场等）、强制性工具（规制、公共企业和直接提供等）和混合性工具（补贴、税收、信息与规劝等）三种类型。从这一分类来看，国有企业（公共企业）是一种强制性的政策工具。① 就像有的学者所指出的，为了保障市场经济有效运行、弥补市场失灵，政府需要建立公共企业对社会经济生活进行必要的干预，从而实现特定的政策目标。② 另

---

① Michael Howlett, M. Ramesh. *Studying Public Policy*: *Policy Cycles and Policy Subsystems* [M]. Oxford: Oxford University Press, 1995: 80 – 98.

② 刘仁春. 公共企业：政府弥补市场失灵的一项政策工具 [J]. 广西师范大学学报（哲学社会科学版），2005（7）：16 – 19.

外，政策执行是有成本的，其中起关键作用的就是交易成本。当一项政策工具的交易成本高于政策收益时，这一政策工具将是难以执行的。国有企业作为强制性的政策工具，相对于其他政府干预手段来说，政府可以通过指令来指导国有企业生产经营活动，具有无偿性、直接性和灵活性的特点，可以大大降低交易费用，实现低成本而高效地贯彻执行政策。

第二，国有企业是履行政治使命的政策工具。从政策工具角度来看，国有企业不仅是具有强制性的低成本高效的政策执行工具，而且还是一个履行政治使命的政策工具。从国有企业的特殊性质来看，其在发展过程中一方面与政府的关系密切，另一方面作为市场主体对国民经济也具有重要影响。这就使国有企业改革发展总是包含经济目标和非经济目标，进而使国有企业既有一般企业的社会责任，还要履行特殊的社会责任。在经济目标领域中，国有企业的社会责任应该包含经济责任和法律责任；在非经济目标领域的社会责任包含道德责任和公益责任。由于我国国有企业既有一般功能又有特殊功能，所以它还承担了特殊的政治责任，而这一社会责任跨经济目标和非经济目标两个价值领域。①可见，国有企业在特殊时期往往是政府推行国家社会经济改革发展主要的手段和路径，是承担特殊政治使命的政策工具。因此，国有企业的绩效不能只看经济指标，还要看其对国民经济的整体贡献，尤其要考虑其履行的特殊政治责任和政治使命。国有企业改革的最终目标应是使国有企业在适合的领域成为政府的一种既有较高经济效率又有较高政策执行效率的政策工具。②

---

① 徐传谌，邹俊. 国有企业与民营企业社会责任比较研究 [J]. 经济纵横，2011（10）：23－26.
② 戴锦. 产权改革、竞争环境与政策工具：观照国企改革理论 [J]. 改革，2013（11）：123－130.

总的来看，世界各国对国有企业的认识和定位在理论和现实逻辑上各不相同，因此，随着经济环境和经济形势的变化，对国有企业是发展还是限制往往也争论不休，莫衷一是。本书从不完全竞争性视角分析了近年来国有企业混合所有制改革面临的深层次理论问题。国有企业不完全竞争性有其深刻内涵和理论根源。随着改革开放的不断深入推进，国有企业不仅是我国公有制经济的支柱和主力军，也是社会主义市场经济的主体，国有企业与非公企业在市场中互融共存并相互竞争已是不争的事实，虽然国有企业改革不断深化，但其不完全竞争性依然客观存在。因此，在推进混合所有制改革的过程中，我们要客观看待国有企业的不完全竞争性，从而有效地推进分类分层和有的放矢的国有企业改革。①

二、国有企业不完全竞争性的现实表现

如前文所述，国有企业不完全竞争性有其深刻的理论根源，世界各国对国有企业的认识和定位在理论和现实逻辑上各不相同，因此，随着经济环境和经济形势的变化，对国有企业是发展还是限制往往也莫衷一是。随着改革开放的不断深入推进，国有企业不仅成为我国公有制经济的支柱和主力军，也成为市场的主体，国有企业与非公企业在市场中互融共存并相互竞争已是不争的事实，虽然国有企业改革不断深化，但其不完全竞争性依然客观存在，主要表现有以下几方面。

（一）国有企业市场的不完全竞争性

1. 国有企业的市场结构不完全竞争性

随着我国社会主义市场经济建设的推进以及国有企业改革的

---

① 邹俊. 国有企业不完全竞争性的内涵与理论溯源 [J]. 红河学院学报，2022（2）：98 – 100.

不断深入，国有企业的市场结构发生了具体的变化，由改革开放前计划经济体制下的国有国营"一统天下"逐步演变为中国特色市场经济下的国企民企外企"三分天下"，市场活力和市场竞争大大提升，但是国有企业的市场结构的不完全竞争性逐渐形成。主要有以下三方面原因：

（1）具有自然垄断性质形成的不完全市场结构。从世界各国状况来看，自然垄断行业往往是国有企业垄断或者绝对控股，这是一个普遍规律。这些行业可分为三种类型：第一，资源型行业。这类资源型行业，投资巨大，沉淀成本高，具有较强的规模经济性，市场只能容下少数一家或几家企业从事生产经营活动，典型的带有自然垄断性质，如石油、天然气、煤炭等，国有企业在这类资源型行业里往往占据绝对主导和垄断地位。第二，涉及国家安全的行业。这类行业往往与国家安全息息相关，天然的不能完全交给市场，典型的就是军工、航天航空、信息通讯等行业，这类行业中的国有企业肩负着保护国家安全的使命和责任，无论在生产投入、技术研发以及产品销售上都无法完全市场化，国家垄断是其典型特征。第三，涉及公共利益的行业。这类行业具有典型的外部性和市场失灵问题，市场无法供给或供给不足，如公路、铁路等基础设施，水、电、气、公交等公用事业，学校、医院、公园、绿化等公共服务行业，等等。这些行业往往与公共利益紧密联系，但是往往投资大、风险较大且效益低，因此必须依赖国有资本投资运营，涉足这些行业的国有企业往往带有自然垄断性质，这既是维护公共利益的需要，也是对弥补市场失灵。

（2）市场竞争形成的不完全竞争市场结构。完全竞争市场是一种理想的状态，而竞争却会促发形成不完全市场结构，国内外很多产业组织发展实践证明，垄断或垄断竞争的市场结构往往是竞争的结果，中国国有企业改革发展历史也验证了这一点。在一些充分竞争的行业和领域，有些国有企业被市场淘汰，有些则通过竞争逐步形成对市场的控制，逐步形成不完全竞争市场结构。比如，家电行业曾经在 2000 年左右经历近十年的激烈市场竞争，当前的海尔、长虹、TCL 等国有企业都是经过市场的厮杀而留存的佼佼者；还有一些汽车、建筑、纺织等行业的国有企业都是在市场竞争中获得竞争优势，逐步形成行业垄断竞争或寡头垄断等不完全竞争市场结构。

（3）政府主导改革形成的不完全竞争市场结构。当前国有企业的不完全竞争市场结构，除了自然垄断性质行业以及市场竞争导致的结果之外，还有一部分是由于政府主导的国有企业改革而形成的。这主要由几个历史时期的国有企业改革重点而逐渐形成的。在计划经济时代，各地国营企业多而散，改革开放初期，各地国有企业重复投资、重复建设现象突出，为扭转这一局面，国家逐渐从政府层面推进国有企业改革，客观上构造了不完全竞争市场结构，主要的影响来自于以下几个历史时期的改革举措：第一，20 世纪 90 年代末，国有企业"抓大放小"。当时国有企业普遍效率低下，为了搞活国有企业实现"脱困"，国有企业改革推出"抓大放下"策略，许多中小型国有企业通过改制逐步推向市场，而把有限的资源投向大型国有企业，这一时期很多大型国有企业获得了政府大量政策扶持和补贴，从而快速获取了市场竞争优势。第二，从 2003 年开始的，国务院国资委主导的国有企业战略重组。随着改革开放的不断深入，尤其是中国加入世界贸易组织之后，中国许多行业越来越受到国际竞争的压力，国务院国资委以打造具有"国际竞争力的国有企业"为目标大力推进国有企业战略重组，尤其是中央企业战略重组，通过战略重组，我国一批以中央企业为代表的国有企业迅速做大做强，但客观上促使国内诸如：电信、钢铁、汽车、装备制造等相关行业构成了垄断或寡头垄断的不完全竞争的市场结构。

2. 国有企业的经理人市场不完全竞争性

国有企业的特殊性使得国有企业不能像其他非公企业，可以经理人完全市场化选聘，甚至有学者称国有企业经理人或管理者为政治企业家，虽然国务院国资委等部门正在逐步推行经理人市场化选聘改革，但是，所有权性质决定了国有企业经理人市场必然会存在一定的不完全竞争性，其主要表现有以下几方面：

（1）国有企业的经理人选聘难以完全市场化。随着国有企业不断发展，其规模越来越庞大，委托代理层次也就会越来越多。因而，理论界和实业界许多人提出国有企业经理人实施市场化选聘，希冀通过引入竞争来减少代理问题和代理成本。但是，从国有企业近年的实践来看，国有企业的经理人选聘难以完全市场化，主要原因有两点：第一，国有企业经理人素质要求不同于一般企业。国有企业经理人在选聘中，不仅要求其具有较强的经营管理能力和开拓创新的精神，而且相比一般企业，国有企业还要求经理人有过硬的政治素质，而这就导致经理人选聘的市场化程度会有所降低，也并非所有职业经理人都能适应国有企业的经营环境。前些年央企经理人选聘试点中就发现了一些经理人对国有企业"水土不服"的现象。第二，党的领导影响国有企业经理人选聘制度。从十八届三中全会尤其十九大之后，大力推进党的领导全面贯彻落实到国有企业治理各个环节，而这势必会影响国有企业经理人的选聘制度，从而使得国企经理人市场竞争的不完全性逐步显现。

（2）国有企业的经理人的绩效评价并非完全市场化。一个经理人，尤其是职业经理人，在一个竞争市场中他们会非常关注自己的声誉，最重要的就是通过企业经营绩效来向市场发送信号证明自己的能力与价值，但是对于国有企业来说，这一信号机制往往是失效的，国有企业经理人的绩效评价会受多重因素影响，并非完全市场化，主要原因在于：第一，国有企业政策性负担与政策性支持并存。现实中国有企业常常在经营活动中既会存在国家政策性负担，如解决员工就业福利保障、能源价格的政府管控、参与国家开发西部、扶贫攻坚等重大战略部署等，也会受到政策性支持，如政策性补贴、出口退税、政府定向采购、重大工程或科技研发支持等，这些因素使得对经理人经营能力和绩效的评价，不能完全市场化。第二，履行特殊社会责任。与一般非公企业不同，国有企业在经济活动中还需要履行特殊的社会责任。在经济目标领域中，国有企业的社会责任应该包含经济责任和法律责任；在非经济目标领域其社会责任包含道德责任和公益责任。由于我国国有企业既有其一般功能又有特殊功能，所以它还承担了特殊的政治责任，而这一社会责任跨经济目标和非经济目标两个价值领域。特殊社会责任的履行势必会影响对经理人绩效的评价。第三，不完全竞争市场结构影响对国有企业经理人经营绩效评价的客观性。如前文所述，国有企业不完全竞争市场结构普遍存在，无论中央企业还是地方国有企业，在其所属行业中往往处于竞争优势地位，这导致对这些国有企业经理人的绩效难以完全按市场化标准来评价。

（3）国有企业的经理人退出并非完全市场化。一个竞争性的经理人市场应该是进入和退出都是自由的无障碍的，而现实中职业经理人不仅进入国有企业有壁垒，而且在退出上也存在壁垒，并非完全市场化，主要表现在以下几方面：第一，沉淀成本高导致国有企业经理人退出困难。作为经理人在经营活动中对国有企业特殊的管理技能、人际关系等都会有所投入，这种投入成本包括时间、知识、客户关系维护等都会演变为沉淀成本，而随着经理人工作时间越长，沉淀成本越高，国有企业经理人退出就越困难。第二，资产专用性导致国有企业经理人"难言"退出。对于国有企业经理人来说，其人力资产专用性是非常突出的，国有企业经理人要想经营管理好企业，不仅要像一般非公企业处理好与市场的关系，还要投入大量精力与政府相关部门进行协调，这中间会存在大量人力资本专用性投资，尤其对一些垄断和寡头垄断的行业更是如此，而这些人力资本专用性投资对于退出国有企业之后会"无用武之地"，作为理性的经理人也就自然"难言"退出。

（4）组织性质导致国有企业经理人退出并非易事。国有企业的国家所有权性质决定了国有企业经理人的招聘选拔和使用不可能完全按照西方私人企业的市场化方式操作，同样，组织性质决定了经理人退出国有企业也要按照一定的组织纪律和组织程序办理，并非简单的一纸契约就可以完全决定的。对于特殊行业或特殊岗位的经理人，以及具有行政级别的经理人来说，退出更是复杂，所以组织性质决定了经理人退出国有企业并非易事。

3. **国有企业的资本市场不完全竞争性**

在市场经济中，尤其在开放经济条件下国有企业的发展离不开资本的推动，竞争性的资本市场不仅可以为企业发展提供资金和财力支持，也是企业竞争力和发展潜力的"晴雨表"，但是由于国有企业与政府有着千丝万缕的联系，国有企业在资本市场的不完全竞争性也是不容忽视的，其主要表现在以下两方面：

（1）国有企业的投融资机制具有不完全竞争性。国有企业作为国家发展社会经济和维护经济稳定的政策工具，其投融资机制具有天然的不完全竞争性，主要是因为：第一，国有企业投资并非完全市场化选择。如前文所述，国有企业由于政策性负担和特殊社会责任，往往在投资选择上不能完全依据市场规则；再者，由于国有企业的竞争优势，政府往往限制国有企业围绕主业开展投资，不能随意投资进入其他行业领域扰乱资本市场；第二，国有企业融资机制与政府联系紧密。一般企业在进行市场化融资时通常通过资本市场进行股权融资或债券融资，而国有企业的融资机制却比较复杂，除了股权融资和债券融资外，国有企业还会受到政府的直接注资、政府（包括地方政府）债券融资、政府产业基金投资等多种与政府紧密联系的融资方式，而这些方式往往并非市场化操作，具有相当的不完全竞争性。

（2）国有资本投资公司和金融部门对国有企业的偏好导致资本市场不完全竞争。从国有企业经营发展来看，金融部门以及正在逐步组建的国有资本投资运营公司是两大资金来源，但是资本市场对于国有企业的偏好，导致"小企业融资难、国有企业融资简单"和"大而不倒"的现象，资本市场的不完全竞争性成为理性选择的后果，主要有以下原因：第一，随着混合所有制改革推进，从中央到地方都在逐步加快国有资本投资运营公司的组建。国有资本投资运营公司的核心宗旨是保持国有资本的保值增值，因此，国有资本投资公司在选择投资对象和标的时，一方面，不得不考虑国有资本的风险，另一方面，国有资本投资公司与国有企业之间有政府间的"穿针引线"更容易达成合作契约。第二，作为市场的金融部门，如银行、证券公司、保险公司、信托投资公司和基金管理公司等，它们在考虑资本投资时主要是从两方面，一是投资回报率，二是投资风险。按照资本市场的逻辑，风险高回报率就应该高，相反，回报率就低，但是考虑到宏观经济周期的问题，金融部门会考虑投资回报的稳定性，追求风险可控，而国有企业有政府信用背书，市场金融部门无疑会更偏好国有企业，而中小企业贷款难融资难问题一直难以彻底解决，从根本上来说，资本市场的不完全竞争性是一个重要因素。

（二）国有企业内部组织的不完全竞争性

由于国有企业的特殊性，除了具有市场的不完全竞争性之外，从国有企业的内外部治理来看，国有企业的内部组织从结构、管理规则程序、人员等治理要素来看并不是完全市场化的运作，也是具有明显的不完全竞争性，主要表现在以下几方面。

1. 国有企业法人治理结构的不完全竞争性

现代企业制度对公司的治理主要依托于法人治理结构，其中股东大会、董事会、监事会和经理层是法人治理结构的核心组织架构。虽然建立现代企业制度一直是国有企业改革的主要内容之一，但在法人治理结构上仍有诸多方面需要完善，尤其是董事会建设等方面。但是，我们也不能完全按西方企业理论来建设，因为国有企业产权的结构特性决定了其法人治理结构具有不完全竞争性，具体原因有以下几方面。

（1）国家所有权决定了国企治理结构不完全竞争性。国有企业的终极产权是国家，虽然国有企业通过股权多元化和混合所有制改革，有意识地降低国有股的比例，优化产权结构。但是，国企法人治理结构的不完全竞争性依旧是客观存在的，主要体现在以下几方面：第一，国有企业董事会建设难以完全市场化。深化国有企业改革要求国有企业大力推行和完善董事会制度，但是从近年来董事会建设和运行的实际效果角度来看，并不尽如人意，究其主要原因就是国企董事会建设难以市场化。比如，董事长的人选并非股东和董事会能完全决定，董事会成员的人数、结构、决策权分配以及外部董事、独立董事的选聘等也非董事会依市场规则来决定。第二，国有企业监事会也具有不完全竞争性。法人治理结构中监事会应遵照维护股东的利益，监督企业的运营和董事会的决策执行，理应是竞争性的市场规则优先，但是在国有企业中监事会的运行，从监事会的成员构成到职能的发挥往往都表现出不完全竞争性。比如，国资委为履行出资人义务会向监事会派员，监事会在尽职履责时往往在股东利益和国家利益选择时，偏向国家利益，等等。第三，经理层的选拔聘用也非市场化。如前文所述，国有企业的经理人市场本身就具有不完全竞争性，而国有企业经理层的选拔聘用往往又受体制机制的影响，有些国有企业经理人还具有官员身份，非市场化选聘的色彩较为浓厚。

（2）国有企业党组织的不完全竞争性。从党的十八届三中全会尤其十九大之后，从中央到地方，国有企业大力加强党的领导，并按照2016年全国国有企业党的建设工作会议精神，把党组织融入国有企业治理结构，把党的领导贯彻到国有企业治理的各个环节。把党的领导与国有企业治理有机结合是建设中国特色现代国有企业制度的重要内容，但国有企业党组织的不完全竞争性也是显而易见的，主要表现在：第一，党组织体系自上而下。党组织的建设是自上而下按照《党章》规定有序规范地进行的，党组织的架构和负责人也是依据《党章》规定程序来产生的，而这些都是非市场化和非竞争性的。第二，党组织参与公司治理依据组织指令和公司章程。国有企业党组织参与公司治理的权威来源于两方面：一是组织指令。国家所有权的产权性质，决定了党和国家有权力通过指令赋予党组织参与国有企业治理活动的权威；二是通过公司章程赋予党组织参与公司治理的法定地位。现代企业的公司章程就是公司内部治理的"宪法"，通过修改完善公司章程可以有效保障党组织参与公司治理的合法性和权威性。

2. 国有企业高管的不完全竞争性

从企业组织发展角度来说，高管队伍保证一定的流动性和竞争性有利于激发高管的企业家精神，从而提高公司绩效，但是国有企业高管却具有明显的不完全竞争性，主要体现在以下两方面：

（1）国有企业高管薪酬非完全市场化。对企业来说，高级管理人才也是稀缺资源，如何给予高管适当的薪酬，保障代理人与委托人的利益一致，是不同所有制企业面临的共同难题。市场化手段是一般企业普遍采取的措施，如绩效薪酬、股权激励、分红等。近年来，国有企业在深化改革中也在高管薪酬方面进行了一些管理层持股、股权激励等试点，但是国有企业高管的薪酬非完全市场化依然显现，主要原因在于以下两方面：第一，国有企业高管非市场化的"组织任命"。国有企业高管虽然进行了一些市场化选聘的试点，但是选聘的比例比较小，职位也比较少，尤其董事长、总经理、副总经理等重要职位依然是主管部门提名并按组织程序任命，这就导致给这些非竞争性经理市场选拔的而是组织任命的高管"定价"很难完全市场。第二，不同行业如何界定高管付出与国有企业绩效关系存在困难。高管薪酬必然要与企业的绩效挂钩，但是对于不完全竞争市场结构下的国有企业对高管的才能和付出与企业绩效进行判断就比较困难了，不同行业可能大相径庭。第三，政府干预导致国企高管限薪。作为政治任命的高管，不仅无法薪酬完全市场化，在一些特殊时期为了企业发展还要带头限薪。比如，国际金融危机之后，国有企业面临效益降低，中央制定了《中央管理企业负责人薪酬制度改革方案》，不少央企高管薪酬降低，这种政府干预往往也导致国有企业高管薪酬难以完全市场化。

（2）国有企业高管培养和成长非市场化。国有企业高管不仅薪酬难以完全市场化，而且其培养和成长与非公企业相比往往也是非市场化的，这主要是因为：第一，国有企业高管的培养往往是组织有意识的主动行为。国有企业的特殊性质尤其一些诸如航空航天、军工、石油、冶金等特殊行业决定了国有企业高管不能也无法仅仅依靠市场选聘，必须有组织有意识地培养高管队伍。因此，国有企业无法像其他企业通过竞争性的经理人市场选择自己中意的高管。第二，国有企业高管的成长往往也是在国有企业与政府部门之间互动。国有企业高管的成长路径也有别于其他非公企业，很多非公企业的高管都经历过同行业或不同行业的不同企业的历练而逐步成长，通过市场竞争使得自身价值不断提升；而国有企业高管大多在同行业或系统内部不同岗位逐步锻炼成长，甚至有些高管在国企与政府部门间进行互动，而这样的成长经历客观上带有浓厚的非市场化和不完全竞争的色彩。

3. 国有企业组织管理的不完全竞争性

在市场经济条件下，企业的组织管理应该以应对市场竞争为宗旨，换句话说，一切围绕竞争进行企业组织管理。因此，组织管理中的组织形式、架构、方式手段以及制度等都会因竞争而不断变动和调适。但是，国有企业的组织管理却对市场竞争不敏感，或者说国有企业组织管理具有一定的不完全竞争性，突出表现在以下两方面：

（1）国有企业的层级制特征导致组织管理变革滞后。通过指令管理的层级制有利于节约内部交易成本，而随着国有企业的规模不断壮大，国有企业委托代理链条不断延长，国有企业层级也会逐渐增多并且越来越复杂，反过来国有企业组织管理会变得越来越依赖于层级制，即使外部竞争不断变化。这主要原因在于：第一，不完全竞争的市场结构对国有企业层级制具有保护作用。在完全竞争的市场环境下，竞争会渗透到企业经营管理活动的方方面面，各生产要素的竞争都会倒逼组织管理应对竞争进行变革。然而，在不完全竞争的市场结构下，如前文所述，国有企业的市场竞争优势地位会变得稳固，即使层级制的内部交易成本上升，但只要边际经济利润能够高于边际交易成本，国有企业组织管理的变革动力就会较弱，反而会偏向维持层级制组织管理。第二，各层级中组织机构的利益导致变革困难。随着层级的不断延展，各层级中的组织机构也会需要投入各种组织成本，组织管理的变革会相当一部分成为组织沉淀成本。因此，层级中的组织机构会谋求职务、权力、下属、声望等利益的延续，甚至会出现"机构联盟"共同抵制或延缓组织变革，导致国有企业组织管理变革困难。

（2）政府监督管理导致国有企业组织管理具有不完全竞争性。国有企业的产权性质决定了国有企业的组织管理不仅要应对外部市场竞争，还要处理好与政府的关系，尤其要接受作为委托人的政府相关部门的监督管理。这就导致国有企业组织管理带有明显的不完全竞争性，主要表现在：第一，组织人事的监督管理。虽然国有企业不断推进现代企业制度建设，已然成为市场主体，但是在组织人事上尤其在高级管理人才和技术人才的管理上，政府部门的监督管理必不可少，甚至一些高管是由组织人事部门推荐或直接任命，而非董事会决定；同样一些高管和技术人才要退出国有企业也要接受组织人事部门的监管，而并非是市场化的"进退自如"。第二，重大决策的政府监管。企业生产经营的决策权是组织管理的核心，在这方面，国有企业的重大决策权也是不完全的。比如，重大项目的投融资要上报国资委发改委等部门审批，国有资产的处置也需要相关部门审批，国有企业跨国经营也要接受政府监管，等等。这些政府监管往往约束了国有企业的组织管理活动的范围和权限，导致其具有不完全竞争性。

三、国有企业不完全竞争性的政策启示

综上所述，理论上国有企业具有不完全竞争性的经济制度根源，而从市场和内部组织两方面现实表现来看，其不完全竞争性

又是长期客观存在的。那么如何正确看待不完全竞争性，并在深化国有企业改革中把不完全竞争性纳入政府政策的考量，更有效的发挥有为政府的作用？从这一角度来看，国有企业不完全竞争性给我们的政策启示主要有以下几方面。

（一）客观看待不完全竞争性，分类构建国有企业混合所有制改革的战略目标

从前文分析来看，国有企业的不完全竞争性既是"与生俱来"的也是"有心栽培"的，即使有时是"权宜之计"，也都是或多或少地巩固和加强了其不完全竞争性。因此，当前在国有企业混合所有制改革中不能忽视不完全竞争性对改革路径、手段以及目标的影响，反而应客观看待不完全竞争性问题，有效地推进各项国有企业改革政策的制定和执行，从宏观角度来看，当前我们亟须重新分类构建国有企业混合所有制改革的战略目标，要注意以下两方面问题：

第一，混合所有制改革不是国有企业改革的唯一路径和手段，也非终极目标。混合所有制改革是当前国有企业改革的重头戏和突破点，但是通过分析国企的不完全竞争性，我们可以清醒地认识到混合所有制改革不可能解决国有企业面临的所有问题，指望"一混就灵"是不现实的，混合所有制改革也不是国有企业改革的唯一路径和手段，更不是终极目标。因此，我们要客观认识到混合所有制改革不可能解决国有企业的不完全竞争性问题，因此，对于混合所有制改革是否成功不能仅仅以所谓是否充分竞争、股权分散，甚至民营化为标准，而应以是否有利于生产力提高、效率提升和社会福利增进为目标。

第二，分类施策是过程，不同类别国有企业的混合所有制改革战略目标应明确。当前，理论界和实业界虽然对国有企业混合所有制改革的分类施策比较公认，坚持"宜混则混、宜参则参"

的原则对商业类和公益类国有企业进行分类混改，但是进一步对于不同类别国有企业混合所有制改革的目标却较少顾及。国有企业不完全竞争性的客观存在，要求我们把分类施策看作改革的过程而不是最终目标，而应该尽快对不同类别的国有企业混改的战略目标进行明确。比如，对于公益类国有企业，尤其是自然垄断和公用事业领域混合所有制改革目标应该是"保持控制力、提升带动力和提高社会福利"，由此来围绕产业链竞争性环节推动混改；而对商业类国有企业则应该尊重不完全竞争性的客观存在，不能寄希望于混合所有制改革彻底消灭其不完全竞争性，最终要以"提高效率和市场竞争力"为目标，只要混合所有制改革有利于提升效率，就应该坚持国有控股，反之国有股权应该逐步退出或者只作为财务投资人，以确保国有资本保值增值。

（二）理性区别不完全竞争性与垄断行为，秉持"竞争中性"原则进行市场监管

不完全竞争性是国有企业的天然属性，我们需要把对其不完全竞争性的认识与国有企业改革和监管相统一，不能把国有企业与一般企业等而视之，这样反而不利于构建公平竞争高效的社会主义市场经济体制，笔者认为，在政策实践中应该重点关注两方面问题：

第一，理性区别国有企业的不完全竞争性与垄断行为。当前在学术界和社会中常常谈及国有企业与垄断挂钩，其实质反映的是把国有企业不完全竞争性等同于垄断。作为政府，市场监管中往往也受困于不完全竞争性带来的"垄断行为猜想"，比如，从市场结构上，钢铁、化工、电信等行业国有企业确实存在寡头垄断或自然垄断，但国有企业市场结构的不完全竞争性并不一定会带来现实的垄断行为，作为市场监管部门应该理性区别国有企业的不完全竞争性与垄断行为，坚决公正地打击和惩处国有企业利用不完全竞争性实施垄断行为，如串谋、限制产量、垄断定价以及欺诈消费者等，而不应该把规制不完全竞争性作为监管国有企业的重点，那样不仅"徒劳无功"反而会导致市场混乱和资源配置扭曲。

第二，秉持"竞争中性"原则进行市场监管。国有企业不完全竞争性的形成发展本身与政府部门在组织管理、改革推进以及资源配置上就存在固有的联系，因此，非公企业在市场活动中往往处于显性或隐性的不公平竞争环境。政府在市场监管中应秉持"竞争中性"原则，既维护不同市场主体的公平竞争，也防范国有企业不完全竞争性带来的固有竞争优势进而破坏或规避公平竞争规则。比如：在资本市场、自然资源市场等领域应该以"竞争中性"原则放松管制，鼓励非公企业公平竞争。另外，作为政府还应加强监管国有企业利用不完全竞争性构建市场壁垒，或者国有企业之间内部交易等破坏市场竞争的行为，通过制度创新划清国有企业与政府的边界，完善企业相关法律制度，依法依规监管各类企业的市场行为，把"竞争中性"原则真正落实到具体的市场监管行为中，构建公平竞争的市场环境和制度环境。

（三）利用不完全竞争性，引导国有企业围绕国民经济调整改革与发展目标

从前文理论分析来看，国有企业不完全竞争性是其内生属性，国有企业从诞生之口起就肩负着根本有别于一般企业的历史使命，在中国特色社会主义进入新时代的背景下，我们应该正视和有效利用国有企业不完全竞争性，尤其在当前贸易保护主义逆全球化的复杂国际环境，以及新冠肺炎疫情对国民经济的冲击下，发挥国有企业在国民经济中不可替代的独特作用，主要关注以下两点：

第一，利用不完全竞争性，精准推进和实现国有企业市场化改革目标。国有企业不完全竞争性突出表现在市场、内部组织以及组织管理等方面，而若对其不完全竞争性有客观理性的认识，却可以有效地指导国有企业改革。作为政府监管部门，可以利用不完全竞争性，找准深化改革的着力点和关键点，避免盲目追求"大而全"的改革目标，精准推进和实现国有企业市场化改革目标。比如，部分行业不完全竞争市场结构，国有企业改革目标不一定是改变市场结构，而是改革政府管制与行政垄断，降低进入壁垒，通过引入竞争规制国有企业垄断行为的发生。在经理人市场要积极推进国有企业经理人分类管理，对职业经理人按契约管理市场化薪酬，对履行国有资产管理职责的经理人按经营绩效进行聘任和管理，完善政策设计，积极有效地推进国有企业经理人市场化改革。

第二，利用不完全竞争性，引导国有企业围绕国民经济适时调整发展目标。在国家宏观经济调控和国民经济发展中国有企业扮演着政府政策工具的角色，是政府实现经济目标的重要抓手和实践路径。当前我们应该理性认识到利用国有企业不完全竞争性对于促进国民经济健康稳定发展具有重要意义，其主要存在两方面经济政策含义：一方面，国有企业改革发展服务于服从于国民经济发展大局。历史上我国国有企业经历了从放权让利、承包制改革、股份制试点到建立现代企业制度的改革历程，在改革过程中也经历了一些波折和质疑，其中反映了对国有企业不完全竞争性认识的不深刻，常常把其与一般企业等而视之，导致所谓"国进民退""国退民进"的争议不绝于耳，而若理性地认识国有企业不完全竞争性，就应该坚持国有企业改革发展要服务于服从于国民经济发展大局，秉持"着眼全局、该进则进、应退则退"的原则推进国有企业混合所有制改革，把国民经济健康发展作为国有企业改革的出发点和观测点。另一方面，引导国有企业围绕国民经济适时调整发展目标。市场瞬息万变，而国有企业不完全竞争性却是常存的，因此要大力发挥国有企业作为国民经济"压舱石""稳定器"的作用，尤其在国民经济发展战略调整以及宏观经济波动时期，要引导国有企业围绕国民经济适时调整发展目标。比如：2020 年新冠肺炎疫情对国民经济产生剧烈冲击，国有企业在国家"新基建"战略中应该主动积极参与，充当"新基建"主力军和先锋队的角色；国有企业还应率先践行绿色高质量发展理念，推进产业布局调整和转型升级，带动国民经济持续健康发展。

（四）发挥国有企业不完全竞争性，完善社会福利政策体系

无论从马克思主义公有制理论还是凯恩斯国家干预理论以及政策工具理论来看，其在实践中都表现为政府通过构建国有企业的不完全竞争性来贯彻和落实国家对宏观经济抑或国民经济的管理职能，而其中重要的一方面就是发挥国有企业对完善社会福利政策体系的支持作用，其政策含义主要表现在两方面：

第一，利用国有企业不完全竞争性，把市场调节与政府治理有机结合，提高社会福利政策的有效性。在社会主义市场经济条件下，提高社会福利不能仅仅靠政府，而要引导社会多元参与，要把市场机制引入社会福利资源的配置中去。国有企业在市场结构、资本、组织管理中的不完全竞争性，可以成为政府与市场之间的"桥梁"，把市场化手段与行政性手段相结合，优化资源配置，提高社会福利政策的有效性，比如：在实施精准扶贫政策的过程中，国有企业可以响应号召在贫困地区积极投资设厂，带动就业，提高当地居民收入；而在公共产品供给中，国有企业可以通过价格机制调节供需，引导居民对公共产品的合理消费，从而可以促进社会福利政策资源的帕累托改进。

第二，发挥国有企业不完全竞争性，积极履行社会责任，为国家完善社会福利政策体系提供物质保障。从马克思主义公有制理论角度来看，国有企业是社会主义建设的重要经济基础，以国有企业为代表的公有制经济是社会化大生产的依靠和保障，也是实现共同富裕和社会公平分配的重要基础。因此，在新时代中国特色社会主义建设中，我们要发挥国有企业不完全竞争性的独特作用，要求国有企业积极履行社会责任，在涉及国民福祉的公用事业、基础设施、科技创新、医疗卫生、战略性新兴产业、国家安全等领域加大投资引领发展，既提高国有企业对国民经济的控制力和影响力，也有利于提高国有企业利润上缴来支持社会福利政策实施，实现"取之于民、用之于民"。比如，在新冠肺炎疫情中暴露出我国公共卫生资源不均衡，医疗物资短缺，国有医药企业在基础研发上投入不足等问题，这些都启示我们在复工复产后，国有企业应该积极履行社会责任，加大投资关系国计民生的关键产业和领域，切实为国家完善社会福利政策体系提供物质保障。①

第二节　不完全竞争性对新时代国有企业家 公司治理创新的影响

关于企业家精神的文献十分丰富。总的来看，主要围绕两条主线来展开研究：其一，以马歇尔、柯兹纳、奈特以及卡森为代表的学者认为企业家利用市场的非均衡机会，不断使市场达到均衡；其二，以熊彼特为代表的学者认为企业家的作用是创造性破

---

① 邹俊，张芳. 国有企业不完全竞争性的现实表现与政策启示［J］. 重庆科技学院学报（社会科学版），2021（5）：32–38.

坏，促进社会发展。此外，鲍莫尔①把企业家精神分为生产性、非生产性和破坏性三种。总之，大多数学者认为企业家精神与竞争存在着天然的联系，企业家精神促进了竞争。企业家在经济系统中扮演着重要的角色（Acs&Varga②；靳卫东、高波③；潘健平等④）。因此，激发企业家精神对长期经济发展来说是非常重要的，是推动经济增长的强大驱动力（李宏彬等）⑤，而企业家的创新才是经济增长的根本动力和源泉（余菁）⑥；但 P Aghion 等人⑦则发现竞争会阻止落后的公司创新，但会鼓励相互竞争的公司创新。陈刚、陈敬之⑧则强调完善的产权保护制度将促使企业家把更多的才能配置到生产性活动中；反之，则会更多地配置到非生产性活动中；但中国总体的市场化进程对企业家精神均具有显著的影响（韩磊等）⑨。

近年来，对企业家精神的激发与保护的问题引起了重视。有学者指出企业家精神并非天然的会发挥作用，还会受制于诸多因

---

① Baumol, W. J. *Entrepreneurship*, *Management and the Structure of payoffs* ［M］. Cambridge, Mass：MIT Press, 1993.

② Acs, Z., Varga, A. Entrepreneurship, Agglomeration and Technological Change ［J］. *Small Business Economics*, 2005, 24（3）：323－334.

③ 靳卫东，高波. 企业家精神与经济增长：企业家创新行为的经济学分析 ［J］. 经济评论, 2008（5）：113－120.

④ 潘健平，王铭榕，吴沛雯. 企业家精神、知识产权保护与企业创新 ［J］. 财经问题研究, 2015（12）：104－110.

⑤ 李宏彬，李杏，姚先国，等. 企业家的创业与创新精神对中国经济增长的影响 ［J］. 经济研究, 2009（10）：99－108.

⑥ 余菁. 企业家精神的涌现：40 年的中国实践历程回顾与未来展望 ［J］. 经济体制改革, 2018（4）：12－19.

⑦ P Howitt, R Griffith, Aghion, et al. Competition and Innovation：An Inverted-U Relationship ［J］. *The Quarterly Journal of Economics*, 2005, 120（2）：701－728.

⑧ 陈刚，陈敬之. 产权保护与企业家精神——基于微观数据的实证研究 ［J］. 经济社会体制比较, 2016（1）：81－93.

⑨ 韩磊，王西，张宝文. 市场化进程驱动了企业家精神吗？［J］. 财经问题研究, 2017（8）：106－113.

素，如经济因素（Lee, et al.）①，文化因素（Freytag & Thurik②，个体和制度因素等（Lu & Tao)③；张维迎④提出了"国家所有制下的企业家不可能定理"，而李新春等人⑤则指出就国有企业而言，激励机制对企业家精神无显著影响，保健机制则对企业家精神具有较为显著的"倒 U 型"作用；也有学者指出，新时代企业家精神反映经济社会发展新要求，其本质与基本内核是创新精神和创业精神，激发保护优秀企业家精神是中国经济实现高质量发展和创新驱动发展的关键（李政)⑥；企业家精神对于推动技术创新、产业结构演进、社会财富积累甚至是制度变迁具有重要作用，是一种稀缺资源，是全社会的宝贵财富（刘现伟)⑦。因此，在当前和今后一个时期，仍需要进一步完善激发和保护企业家精神的制度和政策环境（王俊霞⑧；金兴伟⑨；梁洪学⑩）。

通过对相关文献的梳理，我们发现传统经济学往往把企业家

① Lee, S. Y., Florida, et al. Creativity and Entrepreneurship: A Regional Analysis of NewFirm Formation [J]. *Regional Studies*, 2004, 38 (8): 879 – 892.

② Freytag, A. & Thurik, R. *Entrepreneurship and Culture* [M]. Berlin: Springer-Verlag, 2010.

③ Lu, J. Y. & Tao, Z. G. Determinants of Entrepreneurial Activities in China [J]. *Journal of Business Venturing*, 2010 (25): 261 – 273.

④ 张维迎. 股份制与企业家职能的分解 [J]. 经济研究, 1987 (1): 31 – 37.

⑤ 李新春, 苏琦, 董文卓. 公司治理与企业家精神 [J]. 经济研究, 2006 (2): 57 – 68.

⑥ 李政. 新时代企业家精神：内涵、作用与激发保护策略 [J]. 社会科学辑刊, 2019 (1): 79 – 85.

⑦ 刘现伟. 培育企业家精神 激发创新创业活力 [J]. 宏观经济管理, 2017 (3): 41 – 45.

⑧ 王俊霞. 激发和保护企业家精神的思考 [J]. 辽宁行政学院学报, 2018 (1): 44 – 47.

⑨ 金兴伟. 激发和保护企业家精神论析 [J]. 牡丹江师范学院学报（哲学社会科学版）, 2018 (1): 33 – 37.

⑩ 梁洪学, 吴施. 混合所有制企业股权激励制度建设的价值取向——以经理人股权激励为例 [J]. 江汉论坛, 2018 (10): 39 – 45.

精神与竞争、创新、经济增长联系在一起。但是，国内外有学者曾一度认为国有企业不存在企业家，更何谈国有企业企业家精神？究其原因是他们把国有企业与一般企业等而视之，认为只有在竞争性条件下才会有企业家，企业家精神才会被激发出来。因而导致关于国有企业企业家精神激发与保护的研究较少，尤其从国有企业普遍存在的不完全竞争性角度来研究的就更少。但是中国改革开放 40 多年来，国有企业取得的成绩有目共睹，国有企业对中国经济增长的功绩不容抹杀，国有企业改革理论和实践的不断推进若没有企业家精神的发挥也是难以想象的。正如 Peng 等人①所言，国有企业在世界经济中越来越普遍，但是现行主流的企业理论在很大程度上忽视了国有企业引入企业概念化的理论差异，鉴于国有企业作为全球经济中的一种组织形式的中心性和长期性，很明显，是时候让企业理论不再忽视它们了。因此，本书试图从更符合国有企业现实的不完全竞争性角度研究新时代国有企业企业家精神的激发与保护问题。

一、国有企业不完全竞争性的内涵

所谓国有企业不完全竞争性就是指在国家所有权的前提下，国有企业的产生、发展、市场活动及其社会责任使得其难以根本实现完全竞争，换句话说，不完全竞争是国有企业的固有属性。笔者认为这一内涵需要从市场和内部组织两方面来理解。

1. 国有企业市场的不完全竞争性

新时代社会主义市场经济中，国有企业是市场的重要主体之一，是国民经济发展的基石。国有企业市场的不完全竞争性主要

---

① M. W. Peng, GD Bruton, CV Stun, et al. Theories of the (state-owned) firm [J]. Asia Pacific Journal of Management, 2016, 33 (2): 293–317.

来源于市场结构不完全竞争性、经理人市场不完全竞争性以及资本市场不完全竞争性等三方面。具体来说，国有企业市场结构不完全竞争性主要源自自然垄断、市场竞争和政府主导改革形成的不完全竞争市场结构；国有企业的经理人市场不完全竞争性则表现为经理人选聘难以完全市场化、经理人的绩效评价并非完全市场化以及经理人退出并非完全市场化；国有企业的资本市场不完全竞争性主要是因为投融资机制以及国有资本投资公司和金融部门对国有企业的偏好导致资本市场不完全竞争。

2. 国有企业内部组织的不完全竞争性

国有企业的内部组织从结构、管理规则程序、人员等治理要素来看并不是完全市场化的运作，也具有明显的不完全竞争性，主要表现在法人治理结构的不完全竞争性、组织管理的不完全竞争性以及高管的不完全竞争性等三个方面。具体来说，国有企业法人治理结构的不完全竞争性主要是由于国家所有权和国有企业党组织决定了其天然具有不完全竞争性；国有企业高管的不完全竞争性则源自高管薪酬以及高管培养和成长非市场化；而国有企业组织管理的不完全竞争性主要是因为国有企业自身的层级制特征以及政府监督管理边界模糊导致不完全竞争性。

二、不完全竞争性对国有企业家公司治理创新的影响

柯兹纳①指出企业家就是非均衡的敌人，面对初始状态的非均衡，企业家的敏锐性将使得非均衡状态难以持续。柯兹纳的分析以市场是完全竞争为假设，企业家可以通过资源重新配置和创新活动打破均衡，发现不均衡，增强经济活力，促进经济增长。

① Israel M. Kirzner. *Competition and entrepreneurship* ［M］. Chicago：University of Chicago Press，1973.

从改革开放 40 多年来中国经济发展实践经验来看，国有企业对中国经济增长的贡献不容抹杀。笔者认为，国有企业家不仅现实存在，而且企业家精神的发挥也起着关键作用。可以说，企业家精神从本质上来看，是企业家行为理性化的过程，其中包含了行为动机的理性化和行为手段的理性化。① 但是，通过前文分析，我们发现国有企业具有不完全竞争性，这对国有企业家精神的激发和保护有何影响？国有企业家的理性行为又有哪些呢？本书将从以下几方面进行分析。

（一）国有企业滋生寻租型企业家精神

正如张维迎所言，企业家就做两件事：第一是发现不均衡，第二是创造不均衡②。如前文所述，国有企业从市场和内部组织来看都具有不完全竞争性，换句话说，国有企业具有天然的"不均衡"，理性的国有企业家当然会发现这一竞争优势，而他们更为关注的是如何维护和保持这种"不均衡"不被市场竞争打破。因此，国有企业更易滋生寻租型企业家精神，而其突出的行为表现有以下几个方面。

1. 热衷于兼并重组，巩固不完全竞争市场结构

如前文所述，国有企业不论是中央企业还是地方国有企业在其所属行业中往往处于垄断、寡头垄断以及垄断竞争的地位，这种不完全市场结构可以为企业带来市场竞争优势，国有企业家深谙这种不均衡会给企业带来垄断租金，或者说垄断利润，因此，国有企业家为维系和巩固这一不完全竞争市场结构会采取各种具有企业家精神的创新和冒险举措：

---

① 杨江，戴林. 中国企业家精神与企业家行为理性化 [J]. 管理世界，2000（5）：116－121.

② 张维迎，盛斌. 企业家：经济增长的国王 [M]. 上海：上海人民出版社，2014：2.

第一，大举并购，抢占市场份额，构筑进入壁垒。国有企业利用其在资本市场的不完全竞争性，在市场中高举并购大旗，不仅并购产业链高端的企业，而且对行业内中小企业和海外企业也进行并购。比如，从2005年到2015年这十年间，国有企业经历了一轮市场并购潮。通过并购活动，国有企业在行业内快速地抢占了市场份额，虽然这些并购也存在风险和不确定性，而且多年后事实也证明，有些并购是低效的甚至是失败的，如中国五矿集团有限公司、TCL等企业的一些海外并购。但是国有企业家通过这些冒险的并购活动，快速扩大了企业的规模和市场势力，以利于巩固不完全竞争的市场结构，并且在市场中构筑了进入壁垒，使众多进入者"望而却步"。

第二，联合重组，维系垄断利润。除了在市场中采取并购活动之外，国有企业还会与行业内的企业进行联合重组，以维系企业的市场竞争优势，进而维系垄断利润。在联合重组活动中，如何联合，业务如何重组，管理如何重构，人员如何重配，等等，这些都需要国有企业家具有创新精神，如果没有创新精神，联合重组不仅难以成功，反而会增加内耗，企业竞争力反而下降；相反，国有企业家精神的发挥，会使联合重组达到"互补互进、强强联合"的效果。比如，在中国建材集团有限公司联合重组中，宋志平提出"央企市营"，大大提高了联合重组的市场正效应，从而快速提升了中国建材集团有限公司的市场竞争优势，巩固了其行业龙头地位。

2. 维护政企合作关系，向市场释放不完全竞争信号

寻租型企业家精神的发挥会激发企业家寻求经济体中显现的和潜在的垄断利润的机会。能获得政府的庇护和扶持，无疑是获取垄断利润的有效途径，而为此，国有企业家将会采取除腐败行

为之外的一些创新性的寻租行为①，其核心要旨是维护政企合作关系，并向市场释放不完全竞争的信号，其中突出的行为表现有以下两个方面：

第一，响应政府号召，推动区域经济发展。市场经济建设初期，曾流传着"找市长不如找市场"的说法，而现在在区域经济发展中流行"找市场不如找央企"。这实际上就反映了以中央企业为代表的国有企业在区域经济发展中扮演着重要角色，而国有企业也同样积极响应政府号召，推动区域经济发展，如西部大开发、雄安新区建设、长三角一体化建设等。从企业家精神角度来看，国有企业家敏锐地发现在区域经济发展中"早进入、无壁垒、弱竞争、早获益"，与政府建立良好的合作关系，有利于获取政府政策支持，降低企业进入成本，更易获取垄断利润。

第二，积极履行社会责任，充当政府政策工具。如前文所述，国有企业具有特殊的社会责任，尤其在宏观经济出现波动的情况下，国有企业作为国民经济"稳定器"的作用就会凸显，起到熨平经济周期的重要作用。比如，国有企业在就业、员工福利等社会责任履行上为其他企业起到表率作用。另外，国有企业在执行国家重大经济战略决策上，也起到了"排头兵"的作用，比如，近年来，在国家大力推进的产业转型升级，供给侧结构性改革、淘汰落后产能以及绿色发展等方面，国有企业都是率先垂范，积极推进。此外，在涉及国计民生的战略性新兴产业，国有企业也是率先进入，促进新兴的幼稚产业稳步发展，带动社会资本逐步进入，从而为战略性新兴产业健康发展"保驾护航"。所有这一切都表明国有企业积极履行社会责任，并充当政府政策工

---

① 本书所述的寻租行为，是指不违反社会法律规定的而追求经济租的相关行为，因此，本书不涉及腐败与寻租的关系。另外，企业间对寻租会存在竞争，寻租行为也需要创新。

具。在这些经济活动中，国有企业也加强和巩固了与各级政府的合作关系，获取了更多的政策资源。

3. 维护自身既得利益，对组织变革冷漠

由于国有企业的不完全竞争性，尤其是内部组织的不完全竞争性，国有企业家作为理性经济人出于维护自身既得利益的目的，对组织变革态度冷漠。近年来，国务院国有资产监督管理委员会积极推行的董事会制度、管理层持股、职业经理人市场化选聘、员工持股等改革之所以推进缓慢，一方面是因为相关法律制度等顶层设计需要完善；另一方面也是由于国有企业家精神发挥欠缺，国有企业家依然存在"等靠要"的思想，缺乏改革的创新精神和冒险精神。究其原因，主要还是寻租型企业家精神的行为选择所致，主要表现在以下几个方面：

第一，国有企业内部层级复杂，利益纠葛，维护自身既得利益成为企业家的理性选择。国有企业一般规模较大，委托代理链条较长，层级也多，因此，利益纠葛也复杂，而组织变革就会涉及利益调整，尤其是将会带来报酬、权力、声望以及一些特权等的调整，这将会带来很大的阻力和风险。没有人喜欢从现有的职位上被解雇，即使支付给他们的薪酬非常之低①。国有企业内部组织又是具有不完全竞争性的，因此，国有企业家的理性选择往往会迟滞组织变革，以维护自身既得利益。

第二，组织变革机会成本高，国有企业家更偏向保护租。国有企业家在考虑组织变革的问题上，一方面考虑组织变革对企业发展的影响，另一方面也会考虑组织变革对自身利益的影响，他们会进行成本收益的权衡，国有企业的不完全竞争性使得组织变革的相对机会成本较高。换句话说，组织变革对国有企业家的自

---

① ［美］威廉·鲍莫尔. 企业家精神［M］. 武汉：武汉大学出版社，2010：70.

身利益影响大于对企业经济效益的影响。在这种情况下国有企业家会理性地偏向保护租。比如，由于国有企业高管薪酬非市场化，但是高管会寻求高职务的消费，薪酬的稳定，权力的巩固；国有企业家更倾向与内部人交易，对外部进入者存在戒备心理，对外部人的业务与股权交易进行限制，形成利益团体。这些保护租的行为，虽然是国有企业家的理性选择，但实质上遏制了企业家精神的发挥，长此以往会使得国有企业内部组织僵化，组织效率低下。

（二）国有企业家的"双重俘获"行为成为理性选择

不完全竞争性使得国有企业容易滋生寻租型企业家精神，因而如前文所述，国有企业家会采取各种冒险和创新的行为去"寻租"和"护租"，目的都是获取垄断利润。但是随着市场经济法律制度的完善，反垄断行为监管的推进以及政府价格管制，国有企业通过竞争优势获取垄断利润越来越困难。近年来，国有企业家为了维系企业的市场地位采取了一些创新性的行为，笔者称之为"双重俘获"，即国有企业家采取一系列策略性行为俘获市场和政府，但他们寻求的不再是被诟病的市场垄断地位和垄断利润，他们更期望于控制市场，获取稳定的、可预期的竞争性利润。为此，国有企业家采取了一些有别于"寻租""护租"的经济行为，突出表现在以下两个方面。

1. 偏好多元化投资，打造具有闭环效应的商业集团，从而有效俘获市场

改革开放40余年，中国市场经济体制已日臻完善，行政垄断逐渐被打破，尤其推进混合所有制改革以来，原先国有企业"独步天下"的领域也逐渐放开管制，国有企业的垄断利润越来越难以维持。因此，为了维系不完全竞争，国有企业家开始谋求控制市场和俘获市场，其主要表现为：

第一，国有企业家对于主业的生产性投资关注逐渐减少，转而偏好进行多元化投资，甚至涉足与企业业务完全无关的产业。国有企业越来越偏好交叉持股，尤其国有企业投资国有以及中小银行，入股投资基金等金融领域。国有企业家越来越注重打造从原材料、生产、运输、销售到研发、金融等具有闭环效应的商业帝国。

第二，通过多元化投资，提升生产要素市场控制力。多元化发展虽然使得国有企业家对主业的生产性投入减少，但是他们的意图是通过这些行为增强企业对市场生产要素的控制力，使得竞争者或进入者在每个环节都面临市场威胁，如要么原材料采购难，要么运输受制于人，要么融资难，等等，从而筑就隐性壁垒。国有企业家的目标就是"市场是开放的，但无人敢进入"，依然是"舍我其谁"，从而有效俘获市场。

2. 国有企业家热衷于政商关系和制度环境的构建，企图俘获政府管制

国有企业的产权性质决定了国有企业家不仅要关注市场变化，更要关注与政府的关系，而这些非生产性的投入耗费国有企业家大量的精力和时间成本。作为理性的经济人，他们为何这样做呢？原因就在于国有企业家企图俘获政府管制。与前文所述的加强政企合作关系不同，这里国有企业家俘获政府管制，主要的目标是改变游戏规则和竞争规则，打造良好的政商互动关系，构建有利于国有企业的制度环境，突出的表现主要有以下几点：

第一，培养和扶持自己的代理人进入政府部门。国有企业的高管进入政府任职对国有企业家来说有两方面的好处。一方面，国有企业家利用自己的代理人取得信息获取优势。比如，可以较早获得政府即将出台的一些产业规划、战略决策等政府政策信息；另一方面，国有企业家利用信息优势提前行动，趋利避害。

国有企业家利用信息优势提前准备，获取市场的先发优势，尤其在一些新兴产业领域。同时，国有企业家可以及早行动，迟滞一些对自己不利的相关政策的出台。

第二，有目的地对政府管制进行俘获。国有企业家不把主要精力放在企业自身的经营，而把大量精力放在拜访相关部委和领导等方面，积极营造良好的政商关系，目的就是改变政府管制的规则。比如：延缓或降低新技术标准的出台，放松价格的管制，提高行业准入的标准，改变行业产品技术标准，等等，从而重塑制度环境，营造有利于国有企业的管制规则。

（三）国有企业家偏好有计划的常规化技术创新和技术转移

不完全竞争性使得国有企业家将更多的精力和时间分配到非生产性领域。如前文所述，国有企业家为提高企业经济利润会采取一些寻租护租行为，而创新也是一种提高市场竞争力，获取经济利润的有效手段。想要创新，不仅需要企业家精神，也需要企业家进行创新资源和要素的分配。国有企业的不完全竞争性给予了国有企业天然的市场竞争优势，也反过来影响国有企业家对于创新收益的预期和判断，尤其在突破性创新和常规性创新方面，突破性创新投资多、风险高、不确性大，加之政府价格管制等，最终企业获得的创新经济利润并不一定高；而常规化创新风险低收益低，却可预期、可计划、可预算。因此，国有企业家更加偏好常规化技术创新，主要表现在以下几方面。

1. 国有企业家倾向根据企业状况而非市场来进行有计划的技术创新

在市场竞争性的条件下，市场的逐利性要求企业必须把创新作为常规化活动，但是创新常规化又会使得利润逐渐减少，因此，企业要想获得更高的利润，必须要超过竞争对手对创新行为进行更高的投入。然而，国有企业的不完全竞争性却降低了对创新的激励，换句话说，技术创新并非国有企业获取竞争优势、提高经济利润的唯一和最有效途径，技术创新只是国有企业家巩固不完全竞争性和提高进入壁垒的举措之一。因此，国有企业家虽然把技术创新作为企业经营活动的一部分，成立专门的机构组织管理创新活动，主要的行为有，但其技术创新有以下特点：

第一，根据企业自身状况而非市场决定技术创新。由于不完全竞争性，国有企业家往往强调依据企业自身状况来决定技术创新的方向和相关新技术新产品计划，而不是根据市场需求和市场竞争来判断。这就导致国有企业的创新投入往往波动大，许多创新脱离市场，技术创新应用率低。另外，这种有计划的技术创新也难以实现突破性创新。

第二，强调技术创新成果数，而非创新收益。一旦对技术创新进行有计划的组织管理，就很难达到熊彼特所说的"破坏性"创新，层级制的管理就会存在各种绩效管理和考核指标，企业家精神就会受到束缚。因此，现实中国有企业家往往更强调技术创新成果数，以应付董事会以及上级对研发投入的考核，而对技术突破性的创新关注较少。比如，国有企业获取的专利等成果数年年攀升，而实际这些技术创新成果为企业带来的经济利润，或者说创新收益却不受到关注。这就导致国有企业技术创新出现"看似一派繁荣，实质一片虚荣"的现象。

2. 国有企业家扭曲创新要素且偏好技术转移

常规化创新由合同、严格的财务控制、标准化的工作程序所构成，而这些工作正是训练有素的职业经理人的特点所恰好对应的。[①] 由此可见，常规化创新是按部就班地进行可预期、可计划、可控制的创新活动，与非传统的不可预计的开创性的创新有

---

① ［美］威廉·鲍莫尔. 企业家精神［M］. 武汉：武汉大学出版社，2010：131.

着"天壤之别"。国有企业家在技术创新活动中越来越扮演着职业经理人的角色，而企业家精神的发挥也受到扼制，其表现有以下几点：

第一，创新要素配置扭曲。国有企业家对常规化创新的偏好，导致在企业创新资源的配置上强调可控制、可预期。因此，在创新要素的配置上更偏好能按层级制管理的模式去计划、执行和监督，这从企业管理上来说是一种理性选择。但是，对于技术创新活动来说，这就极易产生创新要素配置扭曲。越是常规化的创新越是能够得到更多要素资源，而越是风险高不可预期的突破性的技术创新反而资源配置越少。这一现象使国有企业研发人员往往为了获取更多资源，采取有计划的研发，甚至迟滞研发新技术新产品，进而逐步导致国有企业创新产生"劣币驱逐良币"的现象，越是关键性技术和核心技术的创新投入越少，国有企业寻求突破性技术创新的动力也逐步减弱。

第二，偏好利用技术转移替代自主创新。不完全竞争性诱发国有企业家偏好常规性创新而对突破性技术创新投入不足。但是面对市场竞争尤其国际市场竞争，国有企业家通过一些创新行为来获取技术进步，其中最为突出的就是技术转移。自主创新具有高风险、高投入，而收益不确定的特点，导致国有企业家偏好利用技术转移替代自主创新，主要的举措有：其一，成立合资公司。国有企业家往往利用国有企业资本市场不完全竞争性的优势，与具有新技术的企业进行合资，一方面可以共享技术，另一方面进一步巩固市场地位。其二，购买新技术新设备。除了成立合资公司外，直接购买也是一种手段，尤其是国有企业大批量购买，也会形成双边垄断，即使在没有新技术的前提下，国有企业依然能够获得不菲利润。其三，通过国内外并购获取新技术。国有企业家往往通过国内外并购活动，把具有新技术的公司兼并从而快速获取技术。这些行为我们在国有企业的技术市场活动中会常常发生，国有企业家也确实利用技术转移快速促使国有企业技术进步，但也埋下了技术依赖的隐患。①

三、激发新时代国有企业家精神创新公司治理的对策

（一）积极推进混合所有制改革，创新多元治理机制，规制内部组织的不完全竞争性

混合所有制改革是当前深化国有企业改革的重点和难点之一，关键难点在于和谁混，如何混，怎么治理。因此，从规制内部组织的不完全竞争性角度来看，今后要积极推进混合所有制改革，应着重从以下两方面着手。

1. 积极推进混合所有制改革，创新多元治理机制

国有企业内部组织的不完全竞争性是与产权单一、组织僵化和体制封闭等问题息息相关的。混合所有制改革不仅能够改变产权结构，更深入的还有重塑内部治理机制的诉求。近年来，非公资本不敢或不愿参与国有企业混合所有制改革，其中一个重要的原因就是对参与公司治理的股东权益保障有顾虑。因此，我们强调使混合所有制改革与公司治理机制改革同时进行，化解矛盾和症结。具体要做好两方面工作：

（1）推进混合所有制改革要与完善国有企业法人治理结构并行，给予非公资本参与公司治理平等的权利。混合所有制改革强调的是不同所有权的有效融合，而法人治理结构的完善尤其是董事会制度的落实，是对非公资本参与公司治理权利的有效保障。因此，推进混合所有制改革要与完善公司治理结构并行甚至

---

① 邹俊. 国有企业不完全竞争性对激发企业家精神的影响分析［J］. 湖北经济学院学报，2021（3）：25-31.

是先行，只有这样才能有效承诺非公资本参与国有企业治理是具有平等的权利的，也可以激发国有企业家在完善治理结构上的创新精神，一企一策地推进法人治理结构改革与完善。

（2）推进混合所有制改革依赖于创新多元治理机制，兼容并包，取长补短。国有企业混合所有制改革，必然会带来不同治理方式、制度和文化的碰撞，不同性质的资本可以快速交易，但是治理的融合却需要有效管理和创新。因此，在推进混合所有制改革的过程中必须发挥企业家精神，积极创新国有企业多元治理机制，要把政府、国有资本、非公资本、员工、高管、职业经理人、技术人才、党组织、社会公众、供应商、利益相关者等主体有机融合到多元治理机制中去，取长补短，兼容并包，充分发挥其各自的治理优势。

2. 利用多元治理，规制内部组织的不完全竞争性，激发国有企业家精神

多元治理机制必然会对原先以政府及其代理人为主导的国有企业治理机制产生冲击，最突出的就是将对企业内部组织产生冲击。而有效利用多元治理，可以激发国有企业家精神。主要从以下两方面着手：

（1）利用多元治理，完善公司治理结构，激发国有企业高管的竞争意识。混合所有制改革必然会带来也必然诉求多元治理，而作为治理核心和关键的公司治理结构必然也要适应多元化而逐步完善，原先以国有股"一股独大"的公司治理机制将改变。股权的分散化实际上带来了治理权利和管理权利的重新配置，越来越多的非公资本的代理人将会参与公司治理，并逐步适应混合制国有企业的环境。这在客观上使得国有企业高管面临更多的竞争。能者上庸者下将会激发国有企业高管的竞争意识，从而使他们努力工作不断创新。

（2）利用多元治理，约束政府"有形之手"，规范国有企业的组织管理。混合所有制改革带来国有企业多元治理的变革，各个主体都会有自己的利益诉求，国有股权比例的下降也会变相约束政府"有形之手"对国有企业组织管理的干预，使政府不能像以前那样"随心所欲"地干预企业的经营管理活动，从而有利于规制国有企业内部组织的不完全竞争性，规范国有企业的组织管理，也有利于破除国有企业家的"等靠要"思想，激发其创新精神。

（二）放管结合，建立容错纠错机制，激发保护新时代国有企业家的创新精神

企业家是在充满着竞争和风险的市场机制中履行组织职责的，他们面临着各种不确定的因素，这需要企业家具有特殊的素质，不怕冒险，敢于创新，大胆引进新的经济关系，革新经济结构，管理、推动、指挥和协调经济活动。① 新时代国有企业面临高质量发展，产业结构转型升级和国际竞争等诸多挑战，这些都离不开国有企业家精神的发挥。从激发保护新时代国有企业家的创新精神的角度，政府今后应该从两方面着力。

1. 建立国有企业家容错纠错机制，保护国有企业家的创新精神

企业家精神的发挥是与风险和不确定性紧密联系的，国有企业的国家所有权性质又决定了作为委托人的政府必须加强监管。因此，政府必须采取措施保护国有企业家的创新精神，本书认为应做好以下两点：

（1）鼓励国有企业家进行突破性的技术创新和组织创新活动。如前文所述，国有企业不完全竞争性容易滋生寻租型企业家精神，导致国有企业家偏好风险规避，扼制了其冒险和创新精

---

① 张维迎，盛斌. 企业家：经济增长的国王 [M]. 上海：上海人民出版社，2014：56.

神。企业家既是生产要素，也是生产要素的组织者，决定着企业资源配置方向。针对国有企业家偏好常规化创新，政府应该完善技术创新和组织创新的考核机制，把突破性的创新指标和权重进行扩大，并适当进行强制性和硬性管理，约束国有企业家加大对突破性技术创新和组织创新的资源配置，如技术升级改造、能耗标准约束、碳排放要求、绿色技术研发以及组织架构变革等，旨在鼓励国有企业家进行突破性技术创新和组织创新活动，鼓励其敢于冒险，勇于创新。

（2）建立国有企业家容错纠错机制，保护国有企业家的创新精神。鼓励企业家敢于冒险和创新，并不代表企业家事事都能成功，在实践中大量企业家的创新活动可能是失败的。创新是企业利润的源泉，市场竞争激发企业家必须不断创新，否则企业将"坐以待毙"。因此，为了规制国有企业不完全竞争性，政府必须为新时代国有企业家建立和完善容错纠错机制，只要国有企业家的创新活动有利于国有企业高质量发展，有利于国有企业竞争力提升，有利于国有企业改革探索，政府就应该容许和宽容创新失败，并积极帮助国有企业家分析原因，进行及时纠错，为今后的改革创新总结经验教训。这既是对国有企业家的历练，也是在保护国有企业家的创新精神。

2. 放管结合，利用"两只手"规制不完全竞争性，激发国有企业家精神

国有企业的不完全竞争性往往导致国有企业家创新激励不足，偏好寻租、护租性的创新活动。因此，为了激发国有企业家创新型企业家精神，必须综合利用"两只手"规制不完全竞争性，笔者认为关键要做好以下两点：

（1）放松管制，利用市场化手段，激发国有企业家精神。新时代深化国有企业改革应该进一步放松管制，按照现代企业制

度完善国有企业治理，利用市场机制激发国有企业活力。一方面，坚决推进和完善董事会制度。发挥董事会在国有企业治理中的核心作用，有利于遏制政府管制过度行为，如人事管制、职业经理人薪酬管制、经营战略干预等。另一方面，逐步打破国有企业家"亦官亦商"的双重身份。当前，国有企业高管"亦官亦商"阻碍了国有企业家精神的发挥，导致国有企业家顾虑重重。今后，应对国有企业经理人或高管应采取"两条线"管理，一类是国有企业政治性官员，这类高管的主要身份是"官员"，其薪酬及晋升等按政府官员管理，另一类是国有企业市场性经理，这类高管主要身份就是"经理人"，其薪酬及晋升等由董事会和股东会决策管理，体现市场化标准。这样可以最大限度地利用市场化手段，激发国有企业家精神。

（2）政府有限干预，规制不完全竞争性，激发国有企业家精神。通过前文分析，我们必须清醒地认识到国有企业的不完全竞争性与生俱来，也难以彻底破除，在必要的时候依然需要政府的有限干预来规制，如国有企业投资偏离主业，国有企业利用政府背书的非理性投融资行为，国有企业高风险的跨国投资，国有企业间合谋串谋行为，国有企业组织变革滞后，等等。政府有限干预，一方面是履行出资人职责，切实促进国有资产保值增值；另一方面有利于打破国有企业家寻租、护租的预期，引导其专注于企业主业长期发展，激发其创新精神。①

---

① 邹俊，张芳. 不完全竞争条件下如何激发新时代国有企业家精神 ［J］. 重庆科技学院学报（社会科学版），2022（2）：57–64.

第四章　新时代加强党的领导与
国有企业治理创新研究

第一节　国有企业党组织参与公司治理的制度分析

近年来，关于党组织应不应该以及如何参与国有企业治理改革成为一个争论议题，有人主张完全按照西方公司治理理论来对国有企业进行改革，进而认为党组织不应该参与国有企业治理，应该逐步退出；有人则认为应该发挥党组织在国有企业治理中的独特作用，不仅不能退出反而要不断加强参与。考察国有企业党组织该不该参与公司治理，参与有效与否，我们首先要考察党组织参与国有企业治理的制度环境，而最为关键的是党组织参与国有企业治理与公司治理结构在制度上能否融合，制度上能否保障有效参与。因此，本书将着重分析中华人民共和国成立 70 多年来国有企业党组织参与公司治理的制度变迁，并从正式制度和非正式制度两方面进行阐释。

一、中华人民共和国成立 70 年来国有企业党组织参与公司治理的制度变迁

新制度经济学家诺思说过"历史是重要的"，一个国家的经济社会发展，会受到历史的影响和约束。历史因素会对一国的制

度环境、社会经济组织结构乃至法律制度都产生重要影响。中国共产党参与国有企业治理严格来说不是一个新话题，在历史上，党组织对国有企业治理的参与就一直存在，只是随着经济发展和改革开放的推进，以及国有企业改革不断深入，党组织在国有企业治理中的功能和地位也在不断变化。因此，对于中国国有企业来说，党组织参与公司治理既有历史因素，也有国有企业治理改革的制度因素。总的来看，我们可以把中国国有企业党组织参与公司治理的制度变迁分为以下几个阶段：

第一，计划经济时代，党管一切。这一阶段主要是从1949年到1978年改革开放前，应该说这三十年，国营企业的诞生及其管理制度和模式对日后的国有企业改革的影响深远。建国初期，我国以马克思公有制经济理论为指导，尤其受苏联经济发展模式的影响，在建国初期通过"一化三改造"迅速构建了社会主义公有制经济基础，也造就了第一批中国国营企业，如第一汽车制造厂、第二汽车制造厂、大庆石油、沈阳第一机床厂等，这些企业对未来中国，有的直到现在都有着重要影响。但是在这一时期中国奉行的是典型的计划经济，国营企业在管理上是基本是党管一切。表4-1为这一时期出台的相关政策和制度，从这里我们可以看出，虽然建国初期中央曾一度推行厂长负责制，但实际并未得到有效执行，该制度很快被党委领导下的厂长负责制所替代，并且一直到改革开放初期基本都是沿用这一党组织的功能定位。

第二，国有企业党组织的政治核心地位。这一阶段主要是从1979年到2014年，随着中国改革开放的历史大幕拉起，"以经济建设"为中心的要求使得国营企业管理体制的改革迫在眉睫。计划经济时代的党委领导下的厂长负责制在实际中常常演变为"党委领导不负责，书记决策不管理，厂长负责不决策"，导致国营企业管理混乱效率低下。为了适应改革开放和社会主义市场经济发展的需要，从 20 世纪 80 年代开始，国有企业在管理体制上逐步把"党政不分、政企不分"作为改革突破口，通过中共中央、国务院以及党代会党章修订等途径颁布了一系列规章制度，以规制国有企业党组织干预企业的微观治理，把企业的治理责任赋予厂长和经理，力图做到"政企分开、权责明确"。国有企业党组织则主要围绕发挥"政治核心"作用开展工作。

第三，新时期国有企业党组织的政治核心和领导核心地位。这一阶段主要是从 2015 年至今，随着国有企业改革的不断深入推进，国有企业的治理效率得到明显提升，经济绩效也飞速增长，但是国有企业尤其中央企业规模越来越庞大，在新时期，国有企业治理也面临着新的挑战。在 2015 年之前，为了搞活国有企业，提高企业绩效，国有企业治理改革主要围绕"放权让利、激励提效、保值增值"展开，从而有效激发了国有企业经理人的积极性。但是，与此同时，国有企业党组织的功能弱化、组织涣散的问题也逐步显现，国有企业高管职务消费奢靡、腐败案件屡屡发生，反映了党组织的"政治核心作用"并未得到有效发挥，反而被逐步边缘化。因此，如何在新时期重新审视和定位国有企业党组织的功能被提上了日程，从表 4-1 可以看出，从 2015 年中共中央、国务院发布《关于深化国有企业改革的指导意见》开始，国有企业党组织的功能逐步向政治和领导"双核心"转变，把党的领导嵌入国有企业治理的各个环节已是趋势。近年来，从中央企业到地方国有企业，都把发挥党组织的"双核心"作用作为完善公司治理的重要内容和任务。

表4－1　不同时期国有企业党组织主要功能定位与代表性制度

时期	党组织的主要功能	代表性制度
1949—1978	党管一切	①1951年，中央曾推行"一长制"（即厂长负责制）。 ②1956年党的八大后，党委领导下的厂长负责制取代"一长制"。 ③1958年，"大跃进"中强调"书记挂帅"，忽视了党委领导下的厂长负责制。 ④1961年党中央在《国营工业企业工作条例（草案）》中再次重申国营企业实行党委领导下的厂长负责制。 ⑤"文化大革命"十年中，国营企业领导体制涣散，党组织功能瘫痪，国营企业管理经历了"革委会"体制，后又实行了党政合一，党委包办一切，实际形成了"书记一长制"。
1979—2014	政治核心	①1981—1982年，中共中央和国务院先后颁布了三个条例，即《国营工业企业职工代表大会暂行条例》《国营工厂厂长工作暂行条例》和《中国共产党工业企业基层组织工作暂行条例》：明确规定在国营企业实行党委领导下的厂长负责制和职工代表大会制度，贯彻党委集体领导、职工民主管理、厂长行政指挥的根本原则。 ②1982年，党的十二大通过的新党章规定：企业党组织应对重大原则问题进行讨论和做出决定，同时保证行政负责人充分行使自己的职权，不要包办代替他们的工作。 ③1984年，《中共中央关于经济体制改革的决定》指出要在全国工业系统内广泛实施厂长（经理）负责制，要求企业中的党组织"积极支持厂长行使统一指挥生产经营活动的职权，保证与监督党和国家各项方针政策的贯彻执行，加强企业党的思想建设和组织建设，加强对企业工会、共青团组织的领导，做好职工的思想政治工作"。表明逐步由党管一切向党的政治核心作用转变。 ④1989年，《中共中央关于加强党的建设的通知》指出："党在企业的基层组织处于政治核心的地位……企业党委要参与讨论企业的重大问题并提出意见和建议，支持厂长独立负责地处理经营管理、生产指挥、技术开发中的问题。" ⑤1992年，党的十四大通过的党章明确规定："全民所有制企业中党的基层组织，发挥政治核心作用。" ⑥1994年，《中共中央关于加强党的建设几个重大问题的决定》指出，国有企业要充分发挥党组织的政治核心作用，坚持和完善厂长（经理）负责制，全心全意依靠工人阶级。 ⑦2002年，党的十六大修订的党章规定：国有企业和集体企业中党的基层组织，发挥政治核心作用，围绕企业生产经营开展工作。 　　此后十余年，无论国有企业改革如何推进，在党组织定位上基本是围绕"政治核心作用"，只是在公司治理中要求更加精细化。

时期	党组织的主要功能	代表性制度
2015至今	政治核心和领导核心	①2015年，中共中央、国务院发布的《关于深化国有企业改革的指导意见》指出，把加强党的领导和完善公司治理统一起来，将党建工作总体要求纳入国有企业章程，明确国有企业党组织在公司法人治理结构中的法定地位，创新国有企业党组织发挥政治核心作用的途径和方式。坚持和完善双向进入、交叉任职的领导体制。这表明，国有企业党组织由政治核心开始向政治和领导核心转变。 ②2016年，改革开放以来首次全国国有企业党的建设工作会议召开。会议提出，中国特色现代国有企业制度，"特"就特在把党的领导融入公司治理的各个环节，把企业党组织内嵌到公司治理结构之中，要明确和落实党组织在公司法人治理结构中的法定地位，国有企业党组织发挥领导核心和政治核心作用，归结到一点，就是把方向、管大局、保落实。 ③2017年，党的十九大新修订的党章特别指出，"国有企业党委（党组）发挥领导作用，把方向、管大局、保落实，依照规定讨论和决定企业重大事项"。

二、国有企业党组织有效参与公司治理正式制度分析

如前文所述，中华人民共和国成立70年来，国有企业党组织就一直存在于国有企业管理和治理之中，只是在不同的时期党组织在国有企业治理中的角色和功能定位有所差异，党组织参与国有企业公司治理是一以贯之的，并且有着正式制度保障。正如Litwack（1991）指出的苏联领导不能给各种改革注入可信承诺，以及为执行承诺打下制度基础是苏联问题的关键。① 我国国有企业改革取得的成效正好印证了，与新自由主义理论相反，拥有更好定义的所有权结构、设计良好的激励方案、有效的监控机制和

---

① John M. Litwack. Discretionary Behavior and Soviet Economic Reform [J]. *Soviet Studies*, 1991, 43（2）：255－279.

透明管理的现代化国有企业制度被证明是有效的。① 从正式制度来看，我国国有企业党组织能有效参与公司治理主要有以下两方面原因。

1. 正式制度体系完备

中华人民共和国成立70年来，国有企业党组织参与公司治理的制度变迁中，不仅有效规范了党组织在我国国有企业治理中的地位和作用，也在客观上不断完备了正式制度体系。从纵向管理体制角度来看，很多制度都是以中共中央和国务院名义下发的正式"红头文件"，有的则是在党章中明确的党组织在国有企业治理中的参与的方式、途径以及具体工作；从横向企业之间关系来看，党组织在各国有企业中的组织形式、组织结构以及人员配备按上级规定或党章要求都是基本相同的，这也给企业间党组织的相互交流、人员调配以及协同治理提供了制度基础；从时间维度来看，建国以来，随着国有企业改革不断深化，党组织在国有企业治理中的地位和作用也几经变化，但是在正式制度上，从来没有中断过发挥在国有企业治理中的功能和作用，并且不断增强和实际落实。

2. 正式制度执行有保障

完备的正式制度体系是党组织的有效参与的前提条件，但更为重要的是这些正式制度能够得到有效的执行。有效的经济改革要求，如果要使投资者的信心得到实现，就必须预先排除各种背信弃义的选择。② 制度的有效执行，是对身处企业治理中的员

---

① Yunhua Liu. A Comparison of China's State-Owned Enterprises and Their Counterparts in the United States: Performance and Regulatory Policy [J]. *Public Administration Review*, 2009, 69 (9): S46 – S52.

② ［美］奥利弗·E. 威廉姆森. 治理机制 ［M］. 北京：机械工业出版社，2016：172.

工、股东、管理者以及政府机构等做出的可信承诺。保障国有企业党组织有效参与公司治理的正式制度执行的作用主要反映在两方面：一方面，历史形成的制度结构具有稳定性。党组织参与国有企业治理并非完全的"新事物"，而是有着悠久历史，国有企业正式制度与层级制有机结合，正式制度实施的历史越长，其稳定性也就越强，而稳定的层级结构和制度结构保障了党组织可以有效参与国有企业治理；另一方面，组织体系完备提供了有效参与的组织保障。加强党组织建设一直是我国国有企业管理的一个特色和法宝。我国的党组织建设是自上而下的，按照党章的规定进行规范的组织建设。因而，国有企业党组织与上级党组织、企业间的党组织以及监管部门的党组织形成了完备的组织体系，加之正式制度的保障，使得国有企业党组织参与公司治理可以得到有效的组织体系支撑。

3. 正式制度提升了党组织参与国有企业治理的绩效

从新中国 70 多年的历史来看，国有企业党组织之所以能够持续不断地的参与公司治理，根本原因还是在于正式制度的完备不仅提供了制度保障，也提升了党组织参与公司治理的绩效，主要表现在以下两方面：其一，正式制度的完备大大降低了党组织参与公司治理的交易成本。党组织参与国有企业治理会存在交易成本的问题，但只要对公司治理绩效的提升高于交易成本，党组织的参与就是有效的。如前文所述，完备的正式制度大大降低了党组织与国有企业内部组织的摩擦，还有利于降低国有企业内部组织之间的治理成本，提高公司整体的治理效率。近年来国有企业党组织参与公司治理得到重视，而国有企业整体绩效普遍提升很好地印证了这一点。其二，正式制度保障了国有企业党组织决策的有效执行。党组织参与国有企业治理就会涉及企业决策，而决策能否得到有效执行对于参与治理的有效性具有重要影响，建

国 70 多年来，国有企业改革发展历史形成的正式制度体系对国有企业党组织的决策有效执行是给予了充分保障的，党组织在国有企业治理中扮演着最终决策机构的角色，近年来，更是强调国有企业党组织全方位融入公司治理的各个方面、各个环节，全面贯彻落实党的领导。

三、国有企业党组织参与公司治理非正式制度分析

一个经济组织能够持续地良好运行，不仅需要相关规章制度、法律以及公共政策等正式制度的维系，也要竭力获取非正式制度的有力支持。国有企业的所有权性质决定了其在公司治理中往往与各级政府等利益相关者存在复杂的组织关系网络。在组织网络中，员工、管理者、竞争者、企业、政府以及社会等长期共存会形成"约定俗成"的非正式制度，这些非正式制度依托组织网络会具有外部性作用。① 因此，国有企业党组织不仅会受到非正式制度的影响，也是非正式制度的"缔造者"之一。历史形成的国有企业非正式制度有力地促进了党组织参与公司治理，主要表现在以下几方面。

1. 党组织有机地融合了国有企业正式组织和非正式组织

Barnard 指出正式组织和非正式组织不论在哪里都是共存的。他还进一步指出在正式组织中，非正式组织主要有沟通、维持正式组织凝聚力和维持个人的正直和自尊的功能。② 在国有企业发展中，非正式组织的存在是客观的，如何有效发挥非正式组织的积极功能，遏制其小团体、个人主义、道德失范等消极影响，是

---

① 邹俊，张芳. 沉淀成本对国有企业治理结构路径依赖的影响及其市场化超越 [J]. 现代经济探讨，2017（5）：11 – 15.

② Barnard, Chester. *The Functions of Executive* [M]. Cambridge, MA：Harvard University Press：122.

国有企业治理的重要内容。在国有企业的发展历程中，党组织可以说是治理非正式组织的重要途径和工具。一方面，党组织具有沟通优势。党组织是正式组织和非正式组织以及员工和管理层的沟通桥梁，上传下达的作用无可替代，逐步形成了"非正式组织→党组织→正式组织→党组织"的有机循环沟通模式。另一方面，党组织有利于维护正式组织的权威。在非正式组织中往往会流传各种小道消息、传言甚至谣言等，党组织通过党内的组织活动以及组织纪律，对各种信息进行"正本清源"且具有可信任性，从而维护国有企业正式组织的权威。正是国有企业党组织可以有机融合正式组织和非正式组织，使得党组织参与公司治理不仅正式组织接纳，而且非正式组织也积极支持。

2. 独特的社会文化与国有企业文化

公司治理离不开一定的社会环境，党组织在欧美国家国有企业中是不存在的，据此，有些学者认为中国国有企业也应该"去党组织"化。其实，他们忽视了中国特殊的社会环境，以及由此逐步演化的社会文化和国有企业文化。一方面，中国共产党是我国的执政党，党对我国社会经济发展具有决定性的影响，党组织已扎根于国家治理体系的方方面面。在这样一个独特的社会环境中，国有企业党组织参与公司治理具有社会文化认同；另一方面，党组织对国有企业文化的塑造特殊作用。建国 70 多年来，国有企业中涌现了一系列先进人物、先进事迹，如铁人王进喜等。这背后都离不开党组织的关注和培养。而逐步形成的独特的国有企业文化，反过来又对党组织参与公司治理予以情感上的接纳和行动上的配合。正是这种独特的社会文化和国有企业文化为党组织有效参与国有企业治理提供了"土壤"和"营养"。

3. 外部制度环境是国有企业党组织参与公司治理的软约束

新中国成立 70 多年来国有企业治理结构发生过重要变化，

其原因是企业组织的一系列正式和非正式制度安排发生了变化，而制度安排往往会受到外部制度环境的影响。任何特定组织都是生存于一定的制度环境中的，制度安排必须与制度环境相适应，有什么样的制度环境，就会产生什么样的组织形式。① 因此，从国有企业改革发展历程来看，制度环境逐步形成了党组织参与公司治理的软约束，主要表现在两方面：其一，国有企业外部制度环境激励党组织参与公司治理。从国有企业角度来看，企业经营管理活动的管理制度、权力分配、企业文化等都是自身可控的内生变量，而法律法规、规章制度、社会价值观、传统习惯等则是企业自身不可控的外部变量。在我国的政治体制下，党对社会经济生活的影响是方方面面的，在公众心中，党组织具有相当的权威性，新中国成立 70 多年来外部制度环境的演化激励国有企业党组织参与公司治理，甚至形成了软约束，即"没有党组织参与的国有企业治理是不完整的、不权威的"。其二，体制转型和企业改革为国有企业党组织参与公司治理创造了外部环境。新中国成立 70 多年尤其是改革开放 40 多年来，中国改革发展是典型的党和政府主导型，从体制转型来看，中国从计划经济体制向社会主义市场经济体制转变，党始终是体制转型的核心推动力。在转型中的制度变迁既有诱致性制度变迁也有强制性制度变迁。从企业改革尤其是国营企业和国有企业改革来看，在产权改革、所有制改革以及治理制度改革中，无论是国有企业党组织还是各级党组织，都始终发挥了重要作用，因此，从客观的历史角度来看，党组织与国有企业改革发展的历史渊源不能割裂，体制转型和国有企业改革历程为国有企业党组织参与公司治理创造了外部

---

① 刘汉民. 企业理论、公司治理与制度分析 [M]. 上海：上海人民出版社，2007：65-66.

环境。

贯彻落实国有企业党组织有效参与公司治理的各个环节，是近年来国有企业治理改革的重要内容之一。通过本文的研究分析，我们发现从中华人民共和国成立 70 多年来的历史制度变迁来看，国有企业党组织参与公司治理有着良好的制度环境，从正式制度来看，党组织参与国有企业治理不仅体系完备而且执行也有保障，还提升了国有企业治理绩效；从非正式制度来看，党组织可以有机融合正式组织和非正式组织，中国独特的社会文化和国有企业文化以及制度环境等都保障了党组织可以有效参与国有企业公司治理。当然在国有企业党组织如何参与，参与的方式手段以及如何形成可复制、可推广的参与模式等方面，在理论和实践上还有待进一步探索和发展。①

第二节　加强党的领导发挥国有企业党组织特殊治理功能

党的十九大之后，从中央企业到地方国有企业都在着力贯彻和落实加强党的领导，正如哈耶克所说，经济组织的主要问题是适应问题，适应是通过市场价格机制而自发实现的；而组织理论的代表人物巴纳德则认为适应是组织的核心问题，并且是有目的的合作性适应。直觉告诉我们，简单治理结构应当调节简单交易问题，同时复杂治理结构应当留给复杂交易。② 但是，经济组织的运行也是有交易成本的，也会产生组织失灵问题。国有企业党组织嵌入公司治理能降低组织内部交易成本吗？能逆转和纠正内

① 邹俊，张芳. 新中国 70 年来国有企业党组织参与公司治理的制度分析 [J]. 齐齐哈尔大学学报（哲学社会科学版），2020（1）：44 – 47
② ［美］奥利弗·E. 威廉姆森. 治理机制 [M]. 北京：机械工业出版社，2016：12.

部组织失灵问题吗？这是需要我们认真思考的。

从党组织嵌入国有企业治理结构和参与公司治理的实践来看，既有成功的经验也遭遇了困难和障碍。中国宝武钢铁集团严格按照"三个坚持、四个把关、四不上会"切实履行党委讨论前置把关，对党委的决策事项进行了明确界定；集团公司完善"双向进入、交叉任职"领导体制，下属14家设立董事会的子公司中，13家已落实党委书记、董事长"一肩挑"；2017年，下属356家全资、控股公司全面落实所属企业党建工作进入公司章程，新成立或者改制的下属企业也全部落实党建入章。另外，中国宝武钢铁集团坚持党建工作和中心工作一起谋划、一起部署、一起考核，将"党政同责""一岗双责"落到实处。① 由此可见，中国宝武钢铁集团的党组织已被作为公司治理结构中的内部控制机制，协调高层管理团队和董事会之间的关系，保障了董事会制度在公司发展过程中的作用，发挥了党组织对高层管理团队战略决策的监督作用，中国宝武钢铁集团的实践经验表明党组织功能作用发挥得当可以大大降低组织内部交易成本，防范内部组织失灵。

与此相反，中国贵州茅台酒厂（集团）有限责任公司（简称贵州茅台）党组织参与公司治理流于形式，在公司重大决策上难以有效参与，对董事会和经理层的监督也疲软，曾一度很长一段时间董事长和总经理两职合一，造成集团公司董事缺位，独立董事过少，造成公司治理上"一把手"大权独揽，内部沟通困难，监督缺失。无独有偶，中国第一汽车集团有限公司（简称一汽集团）在公司治理过程中党组织没有有效嵌入治理结构，公司内部管理混乱，公司运营不规范现象突出，国有资产流失严

① 根据中国宝武钢铁集团公司官网资料整理。

重。公司内部组织交易成本高昂，也导致贵州茅台和一汽集团腐败案件触目惊心，这些都突出反映了国有企业党组织的"政治核心"和"领导核心"作用没有有效发挥，产生内部组织失灵。另外，随着近几年混合所有制改革的推进和非公资本的比重增加，一些地方国有企业混合所有制改革对党组织嵌入公司治理结构，规范地参与公司治理比较忽视甚至抵触。比如，天津市房地产发展股份有限公司 2017 年第一次临时股东大会关于修改公司章程、增强党建相关章节的议案未通过，而对该议案的反对意见绝大多数来自网上投票的非国有股份持有者。[①] 由此可见，国有企业党组织有效嵌入公司治理结构，不仅会面临现有组织结构和人员的挑战，还会受到内部组织失灵的掣肘，其中内部组织交易成本问题至关重要。因此，本书着重从发挥国有企业党组织的特殊治理功能，突破组织惯性，逆转和纠正内部组织失灵的角度去考察如何实现国有企业党组织有效参与公司治理问题。

一、交易成本对内部组织失灵的影响分析

科斯在《企业的性质》一文中提出的"价格机制运转下企业为何存在？"这一看似不奇的"惊天之问"，为我们重新审视市场与企业以及企业治理提供了无限遐想。其后威廉姆森、德姆塞茨、诺思、阿尔钦等人沿着这一思路开创了交易成本经济学以及新制度经济学，其核心的思想是：交易成本广泛存在于经济组织中，为了降低交易成本，提升组织效率，必须把交易和制度纳入分析单位进行研究。

（一）交易成本对经济组织形式选择的影响

交易成本经济学的观点认为，市场交易是有成本的，而企业

---

① 孙晋，徐则林. 国有企业党委会和董事会的冲突与协调 [J]. 法学，2019（1）：124-133.

组织可以节约交易成本，一旦市场交易成本高于企业内部组织交易成本时，市场交易就会停止转而寻求企业内部交易，但企业内部也存在交易成本，进而经济组织形式需要在不同的交易成本比较下进行权衡。因而，经济组织形式常常有以下几种：

（1）市场制。古典和新古典经济学以价格机制为中心，强调市场作为经济组织的一种形式，只要价格机制发挥作用，市场均衡就会自发实现，从而达到帕累托最优状态。市场交易价格对资源配置发挥作用，具有天然的激励性，但是，这里市场制隐含的几个假设：①交易双方是完全理性的；②市场中买卖双方众多，且交易是同质的；③市场交易信息是完全充分的；④市场交易双方不存在长期依赖关系。对于简单的交易，市场具有无可比拟的自发适应性优势，如中间品、劳动、资金等，这些如果市场供给充分，通过签订一系列短期合同购买中间品和劳动力，通过债券而非股权来获得资金，通过购买往往可以节约大量管理成本和交易成本，这时市场制就是明智选择。

（2）混合制。市场制中的交易是同质无差异且是短期的，交易的买卖双方分散且众多，但是，随着市场交易重复发生的频率和次数的不断增多，以上市场制的四个假设将难以实现，进而会带来交易的不确定性大大提升，并且为了维持长期交易所进行的专用性资产投资也会提高，而专用性资产将会使双边依赖关系形成，"独我一家"现象产生，进而带来契约风险，使交易成本提高，单纯的市场制也难以为继。为了适应长期交易活动，混合制就会成为经济组织的另一选择，伴随而来的就是买卖双方签订各种的长期合同、采购协议、互惠交易、特许经营、排他性协议等，因为长期且不完全契约的客观存在，双边依赖关系的维系不仅靠法律、规章制度，还要利用一系列行政手段，如财务公开、信息披露、争端协调以及业务主管人员对接等，这些都实质上引入了行政指令。也就是说，混合制增强了经济组织的合作性适应，却损失了市场的激励性，降低了组织的自发性适应。

（3）层级制。一旦双边依赖关系确立，混合制即使有各种法律、规章制度以及行政手段来维持长期合约的履行，交易成本也会大大超过混合制的各种适应成本，其中最为显著的原因来自专用性资产、不完全信息、"敲竹杠"以及机会主义。在混合制下，由于协调成本、监督成本、诉讼费用以及法律制度缺陷等，会导致交易成本高昂。因此，混合制会逐步走向层级制。纵向合并和横向合并成为经济组织形式的理性选择。其中最典型的就是"通用从参股到兼并费雪"的案例。就双边适应而言，层级制相对混合制的一个优势就是，内部契约可以更加不完备，更重要的是，在企业内部，因对重大扰动的适应，其成本更小。① 层级制一方面可以通过指令快速内部协调争端，可以大大节约资源和费用，做到快速合作性适应。另外，层级制的内部组织的激励，如职位、荣誉、分红等可以提高内部组织的自发性适应。因此，虽然交易从市场制逐步走向层级制也会产生越来越多的官僚成本，但是由此而促进双边适应的收益和节约的交易成本远远高于官僚成本，这也就是在市场经济条件下层级制的经济组织形式广泛存在的缘由。

（二）内部组织失灵在公司治理中的表现

如前文所述，不同的经济组织形式都会存在交易成本，从市场制到混合制再到层级制的演化，随着交易的规模、频率和数量的不断增加，双边依赖关系的不断增强，层级制在控制组织交易成本上的优势越来越突出。但是，并非企业层级制组织生产经营

---

① ［美］奥利弗·E. 威廉姆森. 治理机制［J］. 北京：机械工业出版社，2016：106.

活动就没有交易成本，相反，随着纵向一体化程度不断提高和规模不断扩大，内部组织层级不断增多会使交易成本增加，甚至会导致组织失灵。内部组织失灵在公司治理方面的表现主要有以下几方面：

（1）沟通障碍。在公司治理中，良好的纵向和横向沟通是组织有序高效运转的基础。但由于不完全信息的现实存在，就如市场制中交易双方难以获取全部真实信息一样，在公司治理中由于层级不断增多也会产生信息失真问题，导致沟通障碍和扭曲。沟通扭曲可能分为主动和防御的形式。防御型的扭曲是指，下属可能对上司说上司喜欢听的话；主动型的扭曲是指下属向上司汇报自己想让上司知道的事情。① 另外，有些员工或经理人员以及非正式组织出于个人利益或小团体利益，会利用沟通障碍散布虚假信息、谣言，乃至泄露公司商业机密等，做出对企业不忠的行为。企业各层级之间沟通障碍的存在导致上级对下级的真实工作情况难以掌握，进而对生产经营活动下达的指令就会产生偏差，导致公司治理产生混乱。

（2）经理人员串谋。随着企业规模不断扩大，层级也会不断增多，层级中的官僚（或者经理）相应就会增加，不仅官僚成本（即各部门之间协调沟通成本）增加，更为重要的是经理人员的目标往往并非天然的与公司目标一致，层级制中的经理人员会进行一些"自利"或者"互惠"的串谋。这主要表现在公司治理的两个方面：一方面，公司内部采购引发经理人员"互惠"交易。由于企业纵向一体化发展，很多中间品会产生内部采购，理论上这种内部采购是通过层级指令完成的，但实际上由

---

① Katz, D and R. L. Kahn. *The Social Psychology of Organizations* [M]. New York: John Wiley&Sons, Inc., 1966: 246.

于生产活动的复杂性需要经理人员相互配合，经理人员之间的"互惠"交易就会应运而生，这种"互惠"并非价格对等的，其实质上是以公司利益为代价换取"相互支持"的串谋，就是"投桃报李"式的利益交换；另一方，经理人员之间利益聚合，形成"自利"小团体。企业规模的扩大，层级增多带来信息收集和分配的复杂、机会主义和"自利"倾向，导致经理人员之间会形成利益聚合，他们通过串谋信息的收集和分配，形成利益小团体，原先层级制的合作性适应的优势被寻求回报的"自利"行为替代。一旦企业的个体成员之中出现与企业疏远的情形，小群体甚至可能在微妙却非常重要的方面成为与企业敌对的力量。① 这些都将导致企业内部组织交易成本激增，导致组织失灵。

（3）决策目标分散。企业规模扩大，公司治理的层级和结构就会不断增加，但客观也使各层级各部门的目标和追求大不相同，进而会导致企业整体决策目标分散，这主要由以下几个原因引起：第一，有限理性。组织中决策者的有限理性会导致其控制范围也有限，因而会依赖层级增加，但层级增加又会引起内部组织的沟通障碍和经理人串谋等问题，导致组织内部目标分散，就如 Boulding 所言"组织越大、越具权威性，最高决策者在一个纯粹的想象世界中经营的可能性也越大"，这种扭曲是规模增加而收益递减的最终原因。② 其中，交易成本的增加是诱发收益递减的重要原因。第二，权力的争斗。组织形式中市场制具有良好的自发性适应，通过价格机制能较好解决公平问题，而层级制虽

---

① ［美］奥利弗·E. 威廉姆森. 市场与层级制：分析与反托拉斯含义 ［M］. 蔡晓月，孟俭，译. 上海：上海财经大学出版社，2011：148.

② Boulding, K. E. The Economics of Knowledge and the Knowledge of Economics ［J］. *American Economic Review*, 1966, (58): 1 – 13.

然具有较市场制更好的合作性适应，但是对解决组织中的公平问题却是"有心无力"的，其重要的原因是组织各层级各部门的资源配置是靠指令（权力）而非竞争（或曰绩效），因此，内部组织中的权力的获取无论对个人还是部门来说都是至关重要的。因此，在权力的争斗中，企业的利润最大化目标被"自利"或子群体目标替代，公司治理的决策目标在各层级间会逐步分散化，这又会使各层级间的交易成本增加，组织运转失灵。

（4）组织激励约束弱化。尽管在层级制的组织形式中，企业通过一体化发展向员工、供应商、经理人等提供了长期契约，形成了有利于合作性适应的长期激励。但是，现实中随着企业规模的扩大，组织面临激励约束弱化的倾向。第一，组织激励弱化。虽然层级制组织可以提供良好的合作性适应，但这是一个静态的角度，随着市场竞争的激励，规模经济的边际收益会逐步下降，企业要想取得竞争优势，必须进行创新，而层级制弱化了创新激励。从技术创新上来说，由于有长期的雇佣契约员工的技术创新动力不足，另外，层级制中的技术创新无法像市场制那样来由市场"定价"，技术员工往往要么"磨洋工"要么"敲竹杠"；而从组织创新来看，随着企业规模的不断变化，组织结构也应不断创新，以更加适应企业发展，但是，组织沉淀成本、组织机构的延续性以及经理人权力的维系，都将使得层级中的部门和经理阻碍和延迟组织创新以达到"自利"目的；第二，组织约束弱化。随着企业规模的扩大，层级的不断增多，为了监督各层级各部门工作，内部扩张偏好会逐渐形成，新的部门和岗位不断涌现，而内部层级制组织强调的服从和按指令办事，从公司治理来看，会导致公司高管越来越不受下层人员的控制和约束，甚至会变得"高高在上"，加之信息沟通障碍，公司治理逐步演变为少数人对多数人的"暴政"，而这些都会大大增加内部组织的交易成本，导致组织失灵。

二、内部组织失灵对国有企业公司治理创新的影响

如前文所述，内部组织失灵在公司治理中的表现主要有：沟通障碍、经理人员串谋、决策目标分散和组织激励约束弱化。一旦内部组织失灵必然会对国有企业公司治理创新的产生诸多消极影响，主要表现在以下几方面。

（一）国有企业层级组织关系恶化，导致党组织参与治理低效

层级制是当今世界经济组织的普遍形式，其主要优势在于能很好地平衡自发性适应和合作性适应问题，从而节约企业内部的交易成本。但是，传统的西方企业理论主要从生产经营管理流程来设计各个层级及其相互关系和运营机制，并没有把党组织嵌入公司治理之中。历史的经验证明，在内部组织失灵的环境下，国有企业党组织参与公司治理会给企业组织带来消极影响，主要有以下几方面：

第一，国有企业内部层级组织关系恶化。在不确定条件下，尤其是在少数交易者之间进行交易时，层级制交易比市场制更具优势，而这种优势仅仅是一种潜力，要想把这种潜力真正发挥出来还要依赖层级设置合理、有效的激励和控制等，而如果这些做不到，不仅潜力难以发挥而且会产生组织失灵。当前，国有企业党组织参与公司治理最直接的问题就是层级组织关系恶化的倾向。这种倾向主要源自两方面：一是权力的配置。历史上曾出现的"书记大还是厂长大"的问题，演变为当今"党委大还是董事会大"的问题，由此带来组织之间关系紧张甚至争权夺利。二是组织关系的混乱。党组织参与公司治理对于组织关系的协调和整合来说是一个难题。原先的组织协调的核心是围绕董事会、股东会和总经理（或法人代表）的决策和指令展开的，而党组

织参与治理之后，组织关系的协调势必会混乱。比如，虽然国有企业党组织的作用是"把大局、控方向"，但是实际工作中什么事情是"大局"？什么决策是涉及"方向"？有时是组织中各层级很难界定的。

第二，国有企业组织内部治理低效。由内部组织间关系恶化带来的直接影响就是内部治理的低效。组织关系恶化会导致组织各层级间的沟通障碍，无论是自上而下的指令传达还是自下而上的信息传输都会出现障碍，从而导致企业内部交易成本激增。国有企业组织内部治理低效，主要表现在两方面：一方面，经理人机会主义倾向抬头。在国有企业党组织参与公司治理之后，由于权力和责任的配置不合理，一些经理人的机会主义倾向会抬头，把企业的难题推脱给党组织，甚至合谋软磨硬抗党组织的一些重大决策。另一方面，企业决策缓慢，执行不力。由于党组织嵌入公司治理，无形中会增加决策的环节和程序，再加之各层级间不同意见的协调，会导致企业决策缓慢，在执行过程中，各层级由于机会主义倾向，也会推诿扯皮，寻求自身和部门利益最大化，对企业决策执行不力，最终致使内部治理低效。

（二）弱化了国有企业治理能力，限制了国有企业扩张边界

新古典经济学企业理论把企业看成生产要素的函数关系，而交易成本经济学则把交易作为分析单位纳入，因而，企业边界不再仅仅取决于技术，企业的各种复杂交易的治理能力将成为决定企业边界的重要因素。内部组织失灵将会严重弱化企业治理能力，进而影响企业扩张边界，国有企业党组织参与公司治理的功能也会大打折扣，主要表现在以下几方面：

第一，内部组织失灵引起国有企业治理结构复杂化，导致党组织治理能力弱化。以前对党组织的"政治核心"的定位，使得党组织在国有企业治理中对具体经营业务的参与很少，实际对公司治理结构设置的影响也较小。在 2015 年之前的很多国有企业治理结构改革中很少把党组织作为完善治理结构的重点，更多的是以市场化取向为主。近年来要求把党组织嵌入国有企业公司治理之中，势必引起公司治理结构的变化。为了理顺党组织参与的方式和途径，公司治理结构必然会较之以前更加复杂，而在内部组织失灵的环境下，治理结构的复杂化并不一定会带来治理能力的提升，反而会导致沟通扭曲、机会主义、层级间追求小群体目标等问题，导致内部组织交易成本增加，使得企业出现交易规模不经济，企业扩张反而出现收益递减，进而限制国有企业扩张边界。

第二，党组织的角色和功能定位不准导致治理效果欠佳。"政治核心和领导核心"是新时期党和国家对党组织参与国有企业治理的基本要求。在公司治理的实践中，还需要因地制宜。因企制宜。在国有企业分类改革分类治理的大背景下，不同国有企业的党组织如何在企业中准确定位自己的角色和功能，对参与有效性具有重要影响。在内部组织失灵条件下，国有企业党组织参与公司治理直接影响参与的效果：一是，对应该参与的关键领域和问题把握不准。党组织参与公司治理不能事无巨细，也不能当"甩手掌柜"。当前公司治理实践中国有企业党组织对自己的角色定位不明确，尤其对哪些关键领域和问题必须参与，哪些可以不参与还认识不到位，导致党组织参与的无序和失范，反而导致内部组织摩擦不断，交易成本增加；二是，参与存在形式化和流程化倾向，功能性参与不够。由于内部组织失灵，导致角色定位不准，谁也不愿承担政治风险，导致公司治理中党组织形式化、流程化的参与日益增多。党组织参与似乎无处不在，但是功能性参与不够，对真正涉及国有企业的重大改革、企业战略规划以及兼并重组等问题却参与的"蜻蜓点水"。这些都直接或间接地影响党组织参与国有企业治理的效果，进而降低了参与的有效性。

（三）内部组织失灵影响国有企业党组织的治理功能发挥

国有企业党组织嵌入公司治理是否有效性，关键要比较党组织参与前后内部组织的交易成本的变化。在我国，党组织的独特政治威信可以提供可信承诺，党组织参与国有企业治理可以有效降低内部组织间的交易算计，从而促进内部交易成本减少，但是如果出现内部组织失灵，不仅交易成本会增加，而且会反过来影响国有企业党组织的威信，进一步阻碍党组织的治理功能的发挥，形成恶性循环。内部组织失灵对国有企业党组织治理功能发挥的影响主要表现在两方面：

第一，党组织参与公司治理不被看重。从 20 世纪 90 年代开始，国有企业治理改革基本围绕着建立现代企业制度和市场化改革取向，典型的治理结构改革从"老三会"（党委会、职代会和工会）向"新三会"（股东大会、董事会、监事会）转变，党组织在这几十年的国有企业改革中，尤其是在公司治理中的地位和作用实际上是逐步下降的。虽然从 2015 年开始，国有企业党组织的作用再次被重视和提高至新的高度，但是在当前普遍的"新三会"的治理结构框架下，党组织参与治理如何得到有效保障本身是个难题。最突出的问题就是党组织参与公司治理不被看重，最直接的表现就是党组织参与被敷衍对付，甚至是"你说你的，我做我的"，难以有效参与公司治理。

第二，党组织能否持续参与公司治理被怀疑。在一个层级制经济组织中，稳定的组织层级关系依赖于一系列稳定的契约关系，内部组织虽然可以以合作性适应来应对不完全契约问题，但是对于内部组织的不确定性问题却是难以解决。不确定性问题甚至会带来内部组织的交易扭曲。国有企业党组织持续参与公司治理，在不同企业里会面临不同的处境，在缺乏制度性保障或者硬约束的条件下，党组织参与公司治理的不确定性是客观存在的。一旦内部组织中的各层级以及相关人员对党组织参与治理的持续性产生怀疑，他们采取的策略性行为可能为以下几种：其一，不愿进行专用性资产投资。无论是人力专用性资产还是制度性专用性资产投资，部门和人员都不愿投资，因为他们知道一旦党组织不再参与公司治理，这些投资将"覆水难收"。其二，追求小群体目标。面对党组织参与的不确定性，内部组织成员对企业目标的追求会让位于小群体目标，利益的聚合将会促使小团体滋生，"事不关己、高高挂起"的现象会出。这些都会使得内部组织沟通扭曲，内部交易成本上升，阻碍党组织参与国有企业治理的功能发挥。

（四）内部组织失灵影响国有企业经济绩效

考察国有企业党组织参与公司治理的有效性，不仅要考察内部交易成本是否降低，更直观的就是国有企业绩效是否能够提升。尽管把企业视为生产函数的效率分析确实已达到相当完善的程度，但这并没有把与效率评估相关的所有因素都考虑进去，效率分析的对象不仅包括生产成本，还包括治理成本。[①] 内部组织失灵会使得党组织参与国有企业的治理成本增高，最终会影响国有企业的经济绩效，其主要影响的途径和方式有以下几方面：

第一，影响国有企业的战略决策。如前文所述，国有企业党组织参与公司治理并非天然适应，也会遇到诸多问题，其中对企业经济绩效最有影响的就是战略决策。在层级制结构下党组织参与治理一旦发生内部组织失灵，就会对规模庞大的国有企业战略决策产生影响，主要表现在以下几方面：一是战略决策低效。由

---

① ［美］奥利弗·E.威廉姆森. 治理机制［M］. 石烁，译. 北京：机械工业出版社，2016：311.

于党组织参与可能会引起组织内各层级对决策争议和反复，对于规模较大的国有企业来说，公司管理的流程复杂，往往会导致在重大战略决策上出现迟缓和低效。二是战略决策失误。由于内部组织存在有限理性和机会主义，党组织参与公司治理一旦损害既得利益者的利益，"敲竹杠"和"搞破坏"就会成为对组织不忠诚的人的选择。不忠的雇员可能故意散布错误的信息，或对外部人透露敏感的信息，以此损害企业的利益。① 此外，国有企业规模越大，层级越多，实际上集团的管理人员受下层人员的监督就越少，党组织也会脱离群众，容易形成决策者的偏执和固执己见，而这些叠加在一起往往会引起企业战略决策失误。这些在很多国有企业和中央企业决策中都有鲜活的案例。

第二，影响国有企业经营目标的选择。国有企业的经营目标决定了企业在市场上的一系列的选择，最终影响企业的经济绩效。国有企业既有一般企业的属性，也有着其特殊属性。在我国，国有企业还有许多政策性负担。另外，国有企业的特殊社会责任也会对企业的经营目标选择产生影响。从国有企业的性质来说，国有企业履行的社会责任多会涉及经济目标和非经济目标。国有企业关注道德责任、公益责任会促进经济目标的实现；而履行好经济责任和法律责任又会影响其非经济目标的实现，两者之间互相促进、互相影响。而作为国有企业的特殊性——政治责任则是在经济目标和非经济目标之间有交叉的，它对经济目标和非经济目标的实现都会有影响。② 当前，作为"政治核心和领导核心"的国有企业党组织一旦参与公司治理，在企业经营目标选

---

① ［美］奥利弗·E. 威廉姆森. 市场与层级制：分析与反托拉斯含义［M］. 蔡晓月，孟俭，译. 上海：上海财经大学出版社，2011：141.

② 徐传谌，邹俊. 国有企业与民营企业社会责任比较研究［J］. 经济纵横，2011（10）：23 - 26.

择时肯定会考虑党组织肩负的政治责任以及其他社会责任，而当内部组织失灵，党组织参与治理引起组织间沟通障碍，组织目标分散等问题时，国有企业经营目标的选择就会受到影响，企业的经济绩效受影响也将是必然的结果。①

---

① 邹俊. 惯性与逆转：发挥国有企业党组织纠正内部组织失灵特殊功能的思考 [J]. 湖北经济学院学报（人文社科版），2022（4）：19 – 24.

第五章　新时代国有企业治理创新的案例研究

前文分析了混合所有制改革与国有企业治理结构完善，不完全竞争性和加强党的领导对国有企业治理创新的影响。对于公司治理来说，不同所有制性质的企业既有相同之处，也有着明显的差异。本书将选取代表性的国有企业和民营企业的公司治理的创新举措来进行对比案例研究。秉持"它山之石可以攻玉"的思想，本书试图从案例中发掘新时代国有企业治理创新的突破点和关键点。

第一节　中国宝武钢铁集团公司治理创新的案例分析

一、中国宝武钢铁集团的简介

回顾中国钢铁行业的发展历史，早在 1890 年，中国第一家炼钢厂——江南制造局炼钢厂在上海成立。1890 年 12 月 23 日，汉阳铁厂奠基。江南制造局炼钢厂和汉阳铁厂的相继诞生，这是中国近代钢铁工业起步的标志，也是中国宝武钢铁集团的历史起点。中华人民共和国成立后，1951 年，新疆军区后勤部钢铁厂（新疆八一钢铁股份有限公司的前身）创建；1953 年，马鞍山铁厂（马鞍山钢铁股份有限公司的前身）兴建；1955 年，武汉钢铁厂开工建设；1958 年，湖北钢铁厂（宝武集团鄂城钢铁有限公司的前身）破土动工；1966 年，韶关钢铁厂建成投产；1969年，九四二四工程（上海梅山钢铁股份有限公司的前身）开工建设。1978 年，作为"中国改革开放的产物"，新中国冶金工业史上规模最大、投资最多、技术最新的宝钢工程在东海之滨打下第一根桩。1998 年，上海地区钢铁企业实施联合重组，宝钢集团成立。2004 年，武钢与鄂钢联合重组。2007 年后，宝钢集团相继重组八钢、德盛、韶钢。[①] 通过一系列的兼并重组活动，宝钢集团迅速成为中国钢铁产业的龙头企业之一，也是国务院国资委直属的中央企业。

2016 年 12 月 1 日，原宝钢集团有限公司和武汉钢铁（集团）公司联合重组成立中国宝武钢铁集团有限公司（简称中国宝武）正式揭牌。随后中国宝武又对国内钢铁行业进行了一系列兼并重组，按照国务院国资委要求不断"做大、做强、做优"。例如，2019 年 9 月，中国宝武对马钢集团实施联合重组；2020 年 8 月，中国宝武与太钢实施联合重组；2020 年 10 月，中国宝武托管中钢集团；2020 年 12 月，中国宝武成为重庆钢铁实际控制人。至此，中国宝武注册资本达到 527.9 亿元，资产规模为 10141 亿元，是国有资本投资公司试点企业。2020 年，中国宝武被国务院国资委纳入中央企业创建世界一流示范企业。伴随着中国宝武的规模不断扩大，其集团产业也多元化发展，中国宝武目前的经营业务涵盖了钢铁制造业、新材料产业、智慧服务业、资源环境业、产业园区业和产业金融业等，近年来中国宝武

---

① 幸福武钢．中国宝武是中国近现代钢铁工业的历史传承者［EB/OL］．［2020 - 12 - 17］．https：//www.sohu.com/a/438904977_365977．

的国际竞争力不断提升，在《财富》世界 500 强中的位次不断提升，见表 5 - 1。中国宝武从 2016 年 12 月正式成立以来，在世界 500 强中的位次从 2017 年的第 204 位快速提升到 2021 年的第 72 位，可谓发展迅速，2020 年中国宝武实现了钢产量全国第一、世界第二，硅钢销量全球第一，冷轧汽车板销量全球第三的骄人业绩，中国宝武的国际竞争力得到进一步提升。①

表 5 - 1 中国宝武集团 2017—2021 年《财富》世界 500 强排名变化情况

	2017 年	2018 年	2019 年	2020 年	2021 年
位次	204	162	149	111	72

注：资料为笔者自行整理。

二、中国宝武的公司治理创新

中国宝武通过一系列兼并重组活动，不仅快速提高了企业规模，而且企业核心竞争力和经营业绩也不断提升，应该说实现了"1 + 1 > 2"，而这与中国宝武深入落实"专业化整合、多元化混改、平台化运营、生态化协同、产业化发展"的管理理念，全面对标找差，以"三高两化"推进"一基五元"协同发展的发展战略密不可分，也促使中国宝武加快实现超"亿万千百十"发展目标，向着世界一流企业阔步前进。中国宝武取得的骄人业绩，从表面看是兼并重组等方式"功不可没"，而从根本上来看是中国宝武通过公司治理创新构建了企业协同发展、创新发展和绿色发展的内生动力。回顾中国宝武近年的发展，其在公司治理方面主要有以下几方面创新举措。

1. 把兼并重组与完善公司治理机制有机结合

2016 年 12 月中国宝武集团正式成立，而在宝钢和武钢两家

---

① 本部分根据中国宝武钢铁集团有限公司官方网站资料整理。

大型钢铁国有企业联合重组之前，两家公司已经在公司治理方面积累了诸多经验，尤其是宝钢集团。早在 2004 年 6 月，国务院国资委开展中央企业董事会试点工作，确定宝钢集团、神华集团、中国铁通、中国诚通等 7 家央企成为首批试点企业。宝钢集团在 2005 年 10 月率先展开试点工作，并建立外部董事占多数的规范董事会。十多年来宝钢集团在"三会一层"治理结构上不断探索，为完善公司治理机制积累了宝贵经验。2014 年 9 月，武钢集团第一届董事会成立，也开始探索建立规范的公司治理结构。2016 年 10 月，中国宝武集团第一届董事会成立并开始运作。可见，宝钢集团和武钢集团在国务院国资委的统一领导部署下，在联合重组之前就已经在公司治理上"相向而行"，这为重组后中国宝武的公司治理融合奠定了良好的制度基础。另外，中国宝武正式成立后，集团层面在公司治理上没有停滞不前，而是根据中国宝武这一钢铁行业的"航空母舰"的新目标、新使命在公司治理机制上大胆创新。主要表现在以下两方面：

（1）在兼并重组中加强董事会制度建设，完善风险内控机制。中国宝武集团在兼并重组过程中不断加强董事会制度建设，发挥董事会在集团公司和各子公司的公司治理中的决策核心作用。我们以中国宝武的上市公司宝钢股份为例，早在 2005 年时，宝钢股份就已在董事会下设了三个专门委员会，分别为：战略与风险管理委员会、薪酬与考核委员会以及审计委员会。在中国宝武集团正式成立后，宝钢股份把董事会下设的专门委员会调整为四个，即战略与审计委员会、提名委员会、风险管理委员会以及薪酬与考核委员会。这四个专门委员会都是董事会按照股东大会的决议设立的专门工作机构，对董事会负责并向董事会报告工作。对于宝钢股份而言，这四个专门委员会经由宝武集团决定，直接对宝

钢股份的董事会负责并向董事会报告工作。① 而在 2021 年 5 月 19
日的《宝钢股份第八届董事会第一次会议决议公告》中我们发
现，宝钢股份董事会下设的四个专门委员会名称变为：风险及
ESG 委员会、审计及内控合规管理委员会、提名委员会、薪酬
与考核委员会。② 从宝钢股份董事会下设的专门委员会的变化来
看，我们可以明显发觉中国宝武集团在兼并重组过程中不断加强
董事会建设，且尤其关注风险内控机制的完善。从宝钢和武钢重
组前的战略与风险管理委员会，到重组后专门设立风险委员会，
反映了中国宝武集团并没有因为重组后规模迅速扩张而降低风险
意识，反而加大了对集团及下属子公司的风险内控管理。从
2021 年最新的宝钢股份董事会下设的专门委员会来看，其体现
了中国宝武集团在子公司的风险治理机制完善上更加全球化、多
元化和精细化。比如，重新调整的风险及 ESG 委员会和审计及
内控合规管理委员会表明，宝钢股份对风险的内控机制更加完
善，ESG 是环境（Environmental）、社会（Social）和公司治理
（Governance）的缩写。这三方面之下细化的各种指标体系，被
公司用来规范和监督自身行为，是责任投资（PRI）对于企业或
资产的考量标准。宝钢股份属于国内较早引入 ESG 理念进入董
事会的国有上市公司。另外，宝钢股份也更加重视发挥审计在公
司治理中的独特作用，把内控合规管理与审计相结合体现了宝钢
股份在公司风险控制中的全过程、精细化和多元化的治理手段。
宝钢股份的董事会专门委员会的演变都是在母公司中国宝武的领

---

① 蔡芷艳. 公司治理变化对内部控制建设与执行的影响：以武钢为例 [D]. 武汉：
华中科技大学，2017.

② 东方财富网. 600019：宝钢股份第八届董事会第一次会议决议公告 [EB/OL].
[2021 – 05 – 19]. http：//data. eastmoney. com/notices/detail/600019/AN202105181
492477819. html.

导和监督下完成的，从中我们可以窥见中国宝武在兼并重组中一直在不断加强公司董事会制度建设，完善风险内控机制。

（2）创新公司治理文化。中国宝武的发展历程表明企业文化的治理至关重要，在中国宝武兼并重组的对象中既有中央企业，也有地方国有企业，还有民营企业。如何把不同发展背景的企业整合到一起，实现"1＋1＞2"，这其中文化的融合与协同治理功能尤为重要。一个公司的战略、组织、产品和人都会经常变化，但变化中必须有一些东西保持相对稳定，就是公司的使命、愿景和价值观，而使命、愿景和价值观不清晰的公司，往往会陷入茫然状态。① 因此，一个立足于长久发展的公司必须着力构建自身独特的企业文化。中国宝武这几年的快速发展也是得益于治理文化的创新。阿里巴巴从 1999 年创业之初就提出阿里使命是"让天下没有难做的生意"，而这一使命阿里坚守至今没有变过。作为中国钢铁行业的领军企业，中国宝武集团提出的愿景是"成为全球钢铁业的引领者"，具体包含技术引领——高科技，做强；效益引领——高效率，做优；规模引领——高市占，做大。使命是"共建高质量钢铁生态圈"。中国宝武的钢铁生态圈是一个包含国家、社会、行业、伙伴、客户和员工等多层面利益相关方共建、共治、共享的高质量产业命运共同体。中国宝武提出的企业价值观是"诚信、创新、协同、共享"：诚信是中国宝武发展的立身之本，是做大的基因；创新是中国宝武发展的基本依托，是做强的保障；协同是中国宝武发展的内在要求，是做优的基石；共享是中国宝武发展的终极目的，是存在的意义。在明确公司愿景、使命和价值观基础上，中国宝武还提出了公司发展目标为超"亿万千百十"，形成超"亿吨产能、万亿资产、万

---

① 陈雪频. 一本书读懂数字化转型［M］. 北京：机械工业出版社，2020：211.

亿营收、千亿利润"规模，打造若干个超千亿营收、超百亿利润的支柱产业和一批超百亿营收、超十亿利润的优秀企业。① 中国宝武在公司治理中始终贯彻和围绕自身确立的使命、愿景、价值观和发展目标，也利用这些创新公司治理文化，使得加入中国宝武的各类企业在以共同的"使命、愿景、价值观和发展目标"为核心的治理文化下，充分发挥文化的协同功能为中国宝武的发展贡献力量。

2. 把党的领导全面融入公司治理

十九届六中全会指出："党的十八大以来，在坚持党的全面领导上，党中央权威和集中统一领导得到有力保证，党的领导制度体系不断完善，党的领导方式更加科学，全党思想上更加统一、政治上更加团结、行动上更加一致，党的政治领导力、思想引领力、群众组织力、社会号召力显著增强。"加强党对国有企业的领导是全面加强党的领导的重要组成部分。早在中国宝武成立之前，宝钢集团在进行董事会试点期间，形成了董事会与党组织"尊重、支持—监督、支持"的关系。党组织对董事会、经理层贯彻党的路线、方针、政策进行监督；党委和董事会、经理层互相支持，董事长、党委书记（副董事长）和总经理分工协作，确保党委政治核心作用的充分发挥。② 在成立后的五年里，中国宝武集团把党的领导全面融入公司治理，采取了诸多创新举措，取得了良好的治理绩效，主要表现在以下两方面：

（1）加强制度体系建设，保障党的领导全面融入公司治理有章可循。中国宝武党委下属基层党组织有 3769 个，其中党委

---

① 本部分根据中国宝武钢铁集团有限公司官方网站资料整理。

② 中国宝武钢铁集团有限公司课题组. 加强党的领导与完善公司治理相统一的探索与实践［J］. 现代国企研究，2018（10）：59－63.

301 个，党总支 305 个，党支部 3169 个，党员有 85929 名①，面对如此庞大的党组织和众多的人员，没有良好的制度体系，一方面难以保证党组织真正融入公司治理，另一方面可能也会产生党组织融入"流于形式"，难以真正发挥党的领导作用。为此，中国宝武从正式成立之初就开始着力在完善党的领导融入公司治理的制度体系建设上下功夫，主要表现在以下几点：

第一，加强集团层面顶层设计，推进公司治理体系和治理能力现代化。2019 年 10 月，党的十九届四中全会提出了"国家治理体系和治理能力现代化"的重大命题。中国宝武党委以贯彻四中全会精神为契机，明确指出把进一步提升体系能力，加快实现公司治理体系和治理能力现代化作为总抓手。中国宝武始终坚持党对国有企业的领导，充分发挥党建工作与公司治理两个优势，坚持"两个一以贯之"，进一步完善"三重一大"决策机制，确保党组织在重大决策中的决定权、把关权、监督权落到实处，切实把党的领导制度优势转化为公司治理效能。近年来，在公司重大决策制度方面相继制定了《党委全委会、常委会制度》《常务会会议制度》《"三重一大"决策实施办法（试行）》《"三重一大"管理的行政事项的规定》等制度；在组织人事制度方面制定了《领导人员选拔任用管理办法》《董事会选聘高级管理人员管理办法》等制度；在廉洁自律方面制定了《关于落实党委主体责任、纪委监督责任的实施意见》《规范领导人员及其亲属、其他特定关系人经商办企业行为的规定》《加强廉洁风险防控的实施意见》《关于实行禁入管理的规定》《效能监察管理办法》《巡视工作实施办法》等制度。

第二，加强基层组织建设，发挥基层党组织融入公司治理的

---

① 根据中国宝武钢铁集团有限公司官方网站资料整理。

"底层基石"作用。习近平总书记在十九届中央政治局第二十一次集体学习中强调：充分发挥各级党委（党组）、各领域基层党组织的政治功能和组织功能，抓紧补齐基层党组织领导基层治理的各种短板；要把提高治理能力作为新时代干部队伍建设的重大任务，通过加强思想淬炼、政治历练、实践锻炼、专业训练，推动广大干部严格按照制度履行职责、行使权力、开展工作。可见，基层党组织建设对于提高国有企业公司治理能力至关重要。作为中国乃至世界钢铁行业龙头企业的中国宝武集团要实现治理体系和治理能力现代化，必须依靠完善的组织体系，而党的基层组织建设在这方面具有不可替代的作用。中国宝武全面贯彻落实《中国共产党国有企业基层组织工作条例（试行）》，对党建制度集中梳理优化，建立"大一统"的制度文件分层分类体系，构建"中国宝武制度树"，并且同步编制《中国宝武党建质量提升手册》，修订《党支部建设标准化规范化手册》，将制度内容"一贯到底"。[①] 另外，中国宝武修订了《职工民主管理基本制度》，有效保障了职工参与公司治理和决策的权利，中国宝武还把目标管理引入党员队伍建设，深入开展党员"登高计划"等党建活动，促进党建工作和生产经营及公司治理深度融合。

（2）聚焦党的领导全面融入公司治理的关键点和具体环节。习近平总书记在2016年全国国有企业党的建设工作会议上强调，中国特色现代国有企业制度，"特"就特在把党的领导融入公司治理的各环节，把企业党组织内嵌到公司治理结构之中，明确和落实党组织在公司法人治理结构中的法定地位。为此，中国宝武不仅加强了制度建设以保障党的领导全面融入公司治理有章可

---

① 中国宝武党建研究会. 以高质量党建推动中国宝武公司治理体系和治理能力现代化［J］. 冶金企业文化，2020（6）：29 – 33.

循，而且聚焦关键点和具体环节，保证政策和制度的有效执行与落地。具体来说，突出表现在以下两点：

第一，坚决执行和优化"党组织研究讨论前置程序"。中国宝武一方面坚决执行党委研究执行讨论前置程序，在《党委全委会、常委会制度》《常务会会议制度》等制度中明确规定，在董事会、经理层决策重大经营管理事项前，以党委常委会研究讨论作为前置程序。比如，2017年，中国宝武召开党委常委会28次，审议和专题研究议题134项，其中"三重一大"决策前置事项63项；2018年以来，中国宝武已组织召开党委常委会15次，共审议议题104个，其中前置研究讨论"三重一大"经营管理事项39项，保证了党委意图在重大问题决策中得到体现。另一方面，中国宝武在公司治理中不断优化"党组织研究讨论前置程序"，尤其是对具体的讨论内容和程序不断地细化和优化，在公司治理实践中不断摸索哪些事项应该前置讨论研究，哪些应该党委常委会前置讨论研究，哪些要提交党委全委会讨论研究，对具体的范围和程序不断优化。比如，编制决策事项清单，形成四大类、81个决策子项，明确"三重一大"决策的具体事项，每个子项的决策范围、决策主体、决策方式，扫清了党委与各公司治理主体间模糊的责权边界，提高了可操作性。① 这些举措保障了党的领导全面融入公司治理落到实处，大大降低了交易成本，提升了公司治理效率，实现了国有企业党组织在公司治理中"把方向、管大局、保落实"的目标。

第二，健全和创新党的领导全面融入公司治理的具体执行举措。中国宝武不仅在涉及公司发展的重大问题上坚持"党组织

---

① 中国宝武钢铁集团有限公司课题组. 加强党的领导与完善公司治理相统一的探索与实践 [J]. 现代国企研究，2018 (10)：59－63.

研究讨论前置程序"，而且在贯彻和落实党的领导全面融入公司治理的关键点和具体环节上也勇于探索大胆创新。比如，中国宝武在坚持党管人才、党管干部的原则上，创新公司治理机制，制定了《董事会选聘高级管理人员管理办法》，对公开选聘经营管理者确定为前期沟通、董事会审议选聘方案、公开选聘、考察谈话、提名委员会提名、党委常委会审议、董事会审议、报国资委审定、董事会发文聘任等关键环节，既保证每个环节均有党组织的参与或监督把关，也保证了董事会的选聘权。① 另外，中国宝武优化党委领导下的五个议事协调机构，明确打造价值创造和战略管控相结合的资本运作层集团总部，专业化、平台化、规模化和国际化的资产经营层公司，以及业务专一、职能精简的生产运营层单元。坚持"三个坚持、四个把关、四不上会"原则，所谓"三个坚持"，一是坚持党委集体研究讨论，避免以书记个人意见代替党委意见；二是坚持充分落实党委意图，担任行政领导职务的党委成员要按照党委决定发表意见并及时报告落实情况，确保党组织的意图进入管理起作用；三是坚持党委把关不包揽，要切实体现党委总揽全局、协调各方的领导作用。所谓"四个把关"，一是从党和国家方针政策角度把好政治关；二是从公司发展战略角度把好方向关；三是从防止利益输送等党纪党规角度把好纪律关；四是从法规制度角度把好规则关。所谓"四不上会"，一是决策条件出现重大变化不上会；二是临时动议不上会；三是论证不充分不上会；四是意见分歧较大的不上会。② 从而系统地构建决策制度和运行机制体系，明确决策事项范围、权

---

① 中国宝武钢铁集团有限公司课题组. 加强党的领导与完善公司治理相统一的探索与实践 [J]. 现代国企研究, 2018（10）: 59-63.

② 中国宝武党建研究会. 以高质量党建推动中国宝武公司治理体系和治理能力现代化 [J]. 冶金企业文化, 2020（6）: 29-33.

责边界和事项清单，优化决策程序，细化审议要点，确保各治理主体行权履职有章可循、无缝衔接，使议事决策规范高效、运行顺畅，重大经营管理事项科学民主、风险受控。① 此外，中国宝武还在基层组织建设，党组织监督，干部队伍建设，职工民主管理以及企业社会责任履行等方面出台了细致而合理的举措以保障党的领导融入公司治理的各个环节。由此可见，中国宝武在贯彻和落实党的领导全面融入公司治理中不仅从制度上保障了"融得进"，而且在具体执行层面保证了"融得好"，着力打造了独具特色的"宝武之治"。

3. 混合所有制改革中提升公司治理能力

十八届三中全会审议通过的《中共中央关于全面深化改革若干重大问题的决定》指出："改革国有资本授权经营体制，组建若干国有资本运营公司，支持有条件的国有企业改组为国有资本投资公司。"2015 年 8 月中共中央、国务院印发的《关于深化国有企业改革的指导意见》中明确提出国有企业改革要从"管资产"向"管资本"转变，以管资本为主改革国有资本授权经营体制。改组组建国有资本投资、运营公司，探索有效的运营模式，并提出要推进国有企业混合所有制改革。此后从中央企业到地方的国有企业都大力探索混合所有制改革的路径和方式，有条件的国有企业也进行了国有资本投资、运营公司的组建试点工作。国务院国资委对宝钢和武钢的联合重组，其实就包含着在中央企业层面进行混合所有制改革和国有资本投资、运营公司的试点和探索，而成立后的中国宝武作为国资委国有资本投资公司试点企业，根据国务院《关于推进国有资本投资、运营公司改革试点的实施意见》《关于印发〈关于深化中央企业国有资本投资

---

① 根据中国宝武钢铁集团有限公司官方网站资料整理。

公司改革试点工作意见〉的通知》等文件精神，大力推进混合所有制改革和探索国有资本投资运营的模式，并在混改的过程中不断完善和提升公司治理能力，主要表现在以下两方面：

（1）中国宝武在混合所有制改革中完善公司治理。十九大报告明确指出："要发展混合所有制经济，培育具有全球竞争力的世界一流企业。"以中央企业为代表的国有企业承担着推进混合所有制改革的"历史使命"。针对混合所有制改革，中央也提出了"完善治理、强化激励、突出主业、提高效率"的十六字方针，而这其中"完善治理、强化激励"本身就是公司治理的问题，"突出主业、提高效率"则是需要通过完善公司治理实现的目标。因此，完善公司治理是国有企业混合所有制改革的核心要旨。近年来，中国宝武在探索和实践混合所有制改革中取得了实效，不仅完善了公司治理，也获得了良好的经济效益。《国资报告》的数据显示：2015 年以来，中国宝武实施了 23 个混合所有制改革项目，引入非公资本 17.3 亿元。目前，中国宝武共有混合所有制企业 115 家，占企业总数的 23%，集团营业收入和利润的 70% 来自混合所有制企业。① 中国宝武在推进混合所有制改革过程中并不是简单地"一混了之"，而是有着深谋远虑。

第一，围绕主业，通过混改提高治理效率。中国宝武为了打造钢铁生态圈，在下属子公司混合所有制改革中坚持围绕主业，宜混则混，着力实现提高公司治理效率。早在 2015 年 2 月中国宝武正式成立之前就设立了欧冶云商股份有限公司（以下简称欧冶云商），它是第三方钢铁服务平台。欧冶云商利用中国宝武的支持迅速形成了线上、线下的强大服务能力，很快跻身钢铁电

---

① 国务院国资委网站. 中国宝武：精挑细选做混改 [EB/OL]. [2018 - 05 - 03]. http：//www. sasac. gov. cn/n2588025/n4423279/n4517386/n8944187/c8944444/content. html.

商第一梯队，但是面对找钢网等钢铁电商平台的激烈竞争，欧冶云商股权结构单一、治理结构不完善、决策缓慢、员工激励机制欠缺等问题成为制约其发展的瓶颈和主要因素。2017年5月，中国宝武对欧冶云商实施了混合所有制改革，其中首轮股权开放和员工持股，引进了6家战略投资者，126名员工成为股东，增资约10.5亿元人民币，并于2019年6月完成第二轮股权开放，增资约20.2亿元，进一步深化了混合所有制改革，并成为国资国企改革的排头兵。通过两轮混改，欧冶云商大大提高了公司治理效率。2017年，欧冶云商钢材交易量达到6835万吨，同比增长76.34%，并在2020年7月与中信证券签订《首次公开发行股票之辅导协议》，且于8月4日在中国证监会上海监管局网站公示备案，这标志着欧冶云商首次公开发行上市工作全面启动。中国宝武对欧冶云商混改取得的成效也等到了国务院国资委的肯定。最重要的是，欧冶云商成为基于钢铁和相关大宗商品的第三方平台，是中国宝武打造钢铁生态圈的智慧服务业的重要企业，为钢铁生态圈提供了全生命周期智慧制造和服务的整体解决方案。

第二，通过混合所有制改革完善治理结构。作为现代公司，如何有效保证公司科学决策，提高生产效率是公司治理的核心问题。而股权多元化和股权分散是改进公司治理的有效途径。但是过去国有企业股权多元化改革实际上很多是"单一所有制"下的股权多元化，出现了很多国有企业之间交叉持股的情况。这说到底仍然是国有股权或集体股权处于完全或绝对控股地位，导致公司治理结构没有根本改变，治理效率仍然低下，因此，混合所有制改革是完善国有企业治理结构，进行不同所有制股权相互制衡的"不二法门"。中国宝武在成立之后就积极探索如何通过混合所有制改革改善公司治理机制，保证科学决策。比如，为了推进钢铁产业转型升级，淘汰落后产能，实施供给侧改革，中国宝武作为主发起人，与美国 WL Ross 公司、中美绿色东方投资管理有限公司、深圳市招商平安资产管理有限责任公司共同成立了四源合股权投资管理有限公司，并以此为平台设立了钢铁企业并购基金——四源合基金，四源合基金的 4 家股东分别持股 25%左右，没有一家可以单独控制公司，所有事项由投资决策委员会根据市场化原则做出决策。① 四源合基金目前已成功实施了对重庆钢铁等项目的快速投资与重组，取得了良好的经济效益。由此可见，中国宝武引入战略投资者，不仅引入的是资本，更重要的是对公司治理机制的改进和完善，战略投资人不仅在董事会中占有席位，而且具有相当的话语权和决策权，他们通过混改既完善了公司治理结构，也强化了董事会在公司治理中的核心地位。

（2）混合所有制改革中中国宝武治理转型提升公司治理能力。随着中国宝武规模不断扩张，以及为了匹配国有资本投资公司的战略定位，中国宝武必须大力推进公司治理转型，只有国有资本投资公司治理体系和治理能力的现代化才能有效支撑中国宝武钢铁生态圈建设战略的实现。公司治理转型，是公司制企业在按照公司治理基本规则，应对自身及外部各种条件变化的基础上进行的一种适应性调整过程。公司治理转型的核心内容和两条主线就是股权分散和职业管理。② 为此，中国宝武近年来着力从以下两方面推进公司治理转型：

第一，大力推进子公司层面混合所有制改革。中国宝武积极落实国企改革三年行动，制定了专项实施方案，将"以产权制

---

① 国务院国资委网站. 中国宝武：精挑细选做混改［EB/OL］.［2018 – 05 – 03］. http://www. sasac. cn/n2588025/n4423279/n4517386/n8944187/c8944444/content. html.

② 仲继银. 董事会与公司治理［M］. 3 版. 北京：企业管理出版社，2018：606.

度改革为核心，积极稳妥深化混合所有制改革"作为一项重要工作目标。"宜混尽混""已混深混"，落实子公司混合所有制改革的"合金化"；"私混公混"，大力推动子公司改制上市。中国宝武近年来在秉持"一企一策"的原则，在梳理出一批"宜混"企业的基础上，采取分期分批有序地推进混合所有制改革项目的有效落地和实施，集团公司为子公司混改提供金融、券商以及宣传等全方位支持。2021 年 10 月 12 日，中国宝武与上海联合产权交易所联合举办了混合所有制改革项目专场推介会，推介会上推出了中国宝武精心评估的 21 个混合所有制改革项目，项目主要围绕钢铁主业相关的新材料产业、智慧服务产业、资源环境产业和产业金融业，主要通过增资扩股、改制上市等多方式、多渠道实施混合所有制改革。① 随着混合所有制改革的不断推进，子公司逐步打破了"国有股"一股独大的局面。股权分散促进了中国宝武公司治理转型，注重和发挥各股东治理优势，激发了国有资本与社会资本的深度融合和协同发展，提高了行业整体竞争力。

第二，积极推进以"管资本"为核心目标的公司治理体系建设和治理能力提升。作为国务院国资委首批试点的国有资本投资公司，中国宝武一直坚守服务国家战略、履行行业使命、聚焦主责主业、创建世界一流的理会，积极推进公司治理由"管资产"向"管资本"转型。中国宝武制定下发了《关于进一步建立和完善国有资本投资公司管理体系的实施意见》，构建以"管资本"为目标的治理体系，并不断提升公司治理能力。一方面，中国宝武不断稳定和完善外部董事制度。2016 年 10 月，中国宝

---

① 中国宝武集团官网. 中国宝武混合所有制改革项目专场推介会举行［EB/OL］.［2021 – 10 – 15］. http：//www.baowugroup.com/media_center/news_detail/218627.

武第一届董事会成立时董事会共 7 人组成，其中外部董事 4 人；党委常委会 7 人，包括党委书记、董事长和总经理、党委副书记在内；虽然近年国资委对外部董事进行了人员调整充实，但截至目前中国宝武董事会依然是 7 人，4 人是外部董事，而党委常委会则变为 9 人，包括党委书记、董事长和总经理、党委副书记等在内。外部董事出于维护出资人的利益的目的，利用自身的专业特长和从业背景优势，独立客观地发表意见，为中国宝武完善以"管资本"为目标的公司治理体系，提升公司治理能力，发挥了重要作用。另一方面，中国宝武持续关注和加强对经理层的公司治理能力的培养。中国宝武自从 2016 年 12 月举办首期决策人研修以来，定期就专门的主题组织集团公司及下属子公司的经理层和决策人开展集中研修活动，首期研修的主题是"国有资本投资公司子公司规范治理与绩效驱动"，后来结合加强党的领导，把集团党委理论学习中心组（扩大）学习与决策人研修相结合，至 2021 年 10 月已经成功举办了十二期中国宝武党委理论学习中心组（扩大）学习暨决策人研修活动，每次研修都围绕集团公司及子公司的公司治理和重大战略问题进行交流学习，统一思想、达成共识，从而培养和提升了集团公司及子公司经理层的公司治理能力。

三、中国宝武钢铁集团公司治理创新的启示

总结前文中国宝武正式成立以来在公司治理方面的创新举措，客观地说，其为建立和完善中国特色现代企业制度做出了贡献，既有具有中国宝武特色的"宝武之治"，也有具有推广和借鉴价值的国有企业治理创新的成功经验，其主要的启示有以下三方面。

1. 把加强党的领导与公司治理创新相结合

按照经济合作与发展组织（OECD）理事会的《公司治理结

构原则》中给出的定义，即"公司治理是一种据以对工商公司进行管理和控制的体系。公司治理结构明确规定了公司的各个参与者（董事会、经理层、股东和其他利害相关者）的责任和权利分布，以及决策公司事务时所应遵循的规则和程序"[①]。中国宝武集团是国务院国资委直属的中央企业，公司治理中存在多层委托代理关系，无论从国有资本出资人角度，还是从社会主义公有制支柱的角度来看，加强党对国有企业的领导不仅是完善公司治理的有效途径，也是党组织的责任和权利。从前文可以看出，中国宝武正式成立以来一直把加强党的领导与公司治理创新相结合，把党的领导融入公司治理的各个环节，从正式制度和非正式制度两方面，既发挥党组织在公司治理重大问题上的"把方向、管大局、保落实"的特殊功能，也在治理具体环节和细节上发挥党组织不可替代的"渗透、穿透和通透"作用。比如，中国宝武一向强调"PDCA＋认真"，通过党组织监督强化过程控制，形成了不断整改优化的闭环管理，切实保障了党的领导真正推动中国宝武的改革发展。中国宝武公司治理中的创新举措也大大丰富和拓展了中国特色现代国有企业制度的理论与实践。

2. 把混合所有制改革与公司治理创新相结合

公司治理创新的基础和起点是公司的所有权和控制权的配置，而最终的目标也是实现所有权和控制权的有效匹配，提高公司治理效率。一个优化的股权结构，必然能对公司治理产生积极的作用，作为公司治理的根源与治理的内容主体，股权结构会对公司治理的其他方面产生深刻影响。[②] 因此，从中国宝武的发展

① 周丽莎. 改制：国有企业构建现代企业制度研究 [M]. 北京：中华工商联合出版社，2019：210.

② 周丽莎. 改制：国有企业构建现代企业制度研究 [M]. 北京：中华工商联合出版社，2019：220.

来看，坚持通过不断推进混合所有制改革带动公司治理创新，激发公司发展的内生动力是中国宝武给我们的一个主要经验启示。从前文分析来看，中国宝武一方面通过混合所有制改革促使股权分散，优化子公司的股权结构，尤其是吸引社会资本入股以及员工持股，激发各股东参与公司治理的积极性，有效监管管理层，促进公司治理科学决策；另一方面，通过混合所有制改革不断完善和改进"产权清晰、权责明确、政企分开、管理科学"的现代企业制度，而这其中以产权制度改革最为核心。中国宝武在子公司层面大力推进混合所有制改革，实行应混尽混，宜混深混，引入战略投资者，通过产权制度改革倒逼公司制改革，建立权、责、利相统一的公司治理结构，通过股权多元化创新公司治理中的分权与制衡，使企业真正成为法人实体和市场主体。

3. 把国有资本投资公司建设与公司治理创新相结合

中国宝武的成立初衷本身就肩负着探索国有资本投资公司治理模式的历史使命，因而中国宝武理所当然地成为国务院国资委批准的首批国有资本投资公司试点中央企业之一。国有企业在以"管资产"为核心的国资监管体制下，基本是"各级国资监管部门→国有企业"的两层管理体制，而在"管资本"为核心的国资监管体制下，将会变为"各级国资监管部门→国有资本投资运营公司→国有企业"的三层管理体制。两层架构变为三层架构，不仅仅是管理理念的转变，对公司治理也提出更高的创新要求。如前文所述，中国宝武集团自正式成立以来，一直牢记使命，始终把国有资本投资公司建设与公司治理创新相结合。2019年中国宝武制定下发了《关于进一步建立和完善国有资本投资公司管理体系的实施意见》，2020年中国宝武提出建立具有宝武特色的国有资本投资公司体系，完善重大决策制度体系，防止总部"机关化"。总部职能部门主要抓规划和规范，对子公司要充分授权，责权利下放。① 2021 年，中国宝武党委理论学习中心组（扩大）学习暨第十二期决策人研修会议发布了集团大调研成果之一《打造与国有资本投资公司三层管理架构相匹配的世界一流财务管控和资本运营体系》，并指出："中国宝武要匹配国有资本投资公司定位，下一步，要持续强化资产经营层经营管理能力和生产运营层运营执行能力，与时俱进深化对'专业化、平台化、生态化、市场化'的认识，不断提高子公司管理体系和管理能力水平。"② 由此可见，中国宝武在国有资本投资公司建设中始终坚持公司治理创新"同频共振"，取得了令国资监管部门、股东、经理层、社会以及员工等各方面都比较满意的治理效果。

第二节　阿里合伙人制度对新时代
国有企业治理创新的启示

前文分析了中国宝武集团在公司治理中的创新实践，许多经验和做法对国有企业具有很好的借鉴意义。同样，在公司治理上，不同所有制企业既有明显差异也存在相同之处，如所有权和控制权配置问题，公司治理结构完善问题，委托代理关系问题，等等。在市场经济条件下，许多民营企业或股份制企业的实践创新对国有企业治理创新也有着重要的启示和借鉴价值。下面本书将着重探讨阿里合伙人制度对新时代国有企业治理创新的启示。

2014 年 9 月 19 日阿里巴巴集团控股有限公司（以下简称

---

① 搜狐网. 重磅! 中国宝武党委理论学习中心组（扩大）学习暨第十期决策人研修举行 [EB/OL]. [2020 – 11 – 16]. https://www.sohu.com/a/432323122_ 365977.

② 中国宝武集团官网. 中国宝武党委理论学习中心组（扩大）学习暨第十二期决策人研修举行 [EB/OL]. [2021 – 10 – 26]. http://www.baowugroup.com/media_ center/news_ detail/219343.

"阿里") 以每股 92.7 美元的开盘价正式在纽约证券交易所上市，为阿里复杂而艰辛的上市之路画上了句号。然而，阿里上市之路一波三折的原因就在于阿里的合伙人制度的公司治理架构引起市场各方面的争议，既有人奉之为"伟大的制度创新"，也有批评者认为其是马云对"权力"的热衷的表现。阿里合伙人制度在香港证券交易所未获认可，阿里转而投向美国纽交所，在开盘当天截至收盘，阿里巴巴股价报 93.89 美元，涨幅达 38.07%，阿里市值达 2314.39 亿美元，超越 Facebook，成为仅次于谷歌的全球第二大互联网公司。① 从市场的表现来看，虽然纽交所对阿里的股权架构和治理结构做出了提示，但是市场对阿里以合伙人制度为核心的公司治理创新还是给予了承认。从现代企业发展来看，企业发展到一定规模，所有权和控制权分离是一个普遍现象，与所有制是无关的。2015 年 8 月中共中央、国务院印发的《关于深化国有企业改革的指导意见》（以下简称《指导意见》）是新时期指导和推进国企改革的纲领性文件。《指导意见》中明确提出深化国有企业改革要完善现代企业制度，健全公司法人治理结构。当前如何通过完善国有企业治理结构来提高经营效率，也是推进混合所有制改革的核心议题之一。因此，阿里合伙人制度对于创新国有企业治理结构有着丰富的启示和借鉴意义。

一、"两权"分离下创新国有企业治理结构要突破所有制藩篱

从企业理论角度来看，所有权与控制权是现代企业发展面临的两大核心议题，围绕协调和规制这两个权利关系也形成了许多理论体系，而现实经济活动中企业往往也是围绕这两大权利展开

---

① 王伶玲等. 阿里巴巴登陆美股：美媒称像高端跑车 机构乐意砸钱 ［EB/OL］. ［2014 - 09 - 21］. http：//intl. ce. cn/sjjj/qy/201409/21/t20140921_3570317. shtml.

或明或暗的争夺，形成一个个殊途同归的"企业发展剧"。

1. 阿里合伙人制度的发展历程及其普遍意义

阿里巴巴集团的合伙人制度是经过不断发展演变的，其大致可以分为三个阶段：

（1）1999 年至 2004 年阿里创立初期，马云及其创始人团队都拥有着阿里的多数股权和投票权，也牢牢掌握着阿里的控制权。直到 2004 年软银增资之前，马云及其创始人团队占股47%，软银占股约 20%，富达占股约 18%，其他股东占股约15%。① 可见在这一阶段，控制权与所有权高度一致。

（2）2005 年至 2010 年阿里快速扩张期，阿里业务不断扩张，与此同时，阿里对资本的需求也与日俱增，随着外部资本的不断进入，阿里控制权也逐步发生了转移。2005 年阿里与 eBay 激战正酣时，阿里以收购雅虎中国全部资产换取雅虎 10 亿美元的投资，结果雅虎获得了 40%（后稀释为 39%）的股权和 35% 的投票权，而马云及其创始人团队投票权为 35.7%，仍然为实际"控制者"。然而，同年阿里与雅虎签订的一份协议为日后控制权的掌握带来了隐患，协议规定：从 2010 年 10 月起，雅虎投票权增加到 39%，软银保持 29.3% 不变，而马云及其团队投票权将降为 31.7%。从此开始，马云及其团队必须"绝地反击"，否则 2010 年 10 月阿里实际"控制人"将变为雅虎，事实上，马云及其团队也确实展开了一系列行动来争夺阿里控制权。这一阶段，充分体现了阿里的快速扩张使所有权逐渐分散，进而导致控制权不稳定。

（3）2011 年至 2014 年阿里稳定发展期，阿里一方面业务不断发展，市场份额不断提高；另一方面马云及其团队围绕控制权

① 海山. 谁在控制阿里巴巴？［N］. 经济观察报，2014 – 09 – 08（25）.

展开了一系列"组合拳"。其中最为重要的几项举措如下：2011年9月，阿里启动员工持股计划，以及为回购雅虎股权而展开的"长征计划"；2012年，与雅虎签署协议先以76亿美元回购雅虎持有的约20%的阿里股份，待阿里IPO，阿里可以以IPO价格回购雅虎持有的约10%的阿里股份，其余10%的雅虎持有股份，雅虎有权待上市禁售期结束选择出售。至此软银和雅虎合计投票权降到50%以下，马云及其团队对阿里的控制权问题基本得以保全。既使如此，马云及其团队依然启动了"双保险"——合伙人制度。阿里在其公开招股书中公布了合伙人名单，招股书显示阿里合伙人有权提名董事会席位的多数，软银提名的董事会成员要经过合伙人同意，而雅虎的董事会成员在阿里上市后将退出。最为关键的是，如果合伙人提名的董事会成员被否，新提名人仍将由阿里合伙人提名，直至通过。实际上，阿里创造了一个新的公司治理制度，即合伙人决定董事会，董事会决定公司的治理机制。至此，随着阿里在纽约交易所成功上市，马云及其团队成功实现了在股权不占优的情况下对阿里的有效控制。

阿里的控制权之争一波三折，但是现代企业在发展中控制权的争夺似乎司空见惯，具有很强的普遍性，不仅在电商等科技企业如此，即使在传统产业，很多企业围绕控制权的争夺也是上演了一幕幕现实版的"商业宫斗剧"，如2011年影响甚广的国美电器控制权之争，以及从2012年至今仍悬而未决的雷士照明控制权争夺等。这些公司的控制权问题也都与阿里一样有着相似的演化路径。在企业的发展过程中，资本的介入可以迅速促进企业超常规发展，但往往也埋下了控制权争夺的祸根，正所谓"成也萧何，败也萧何"。

2. 突破国有企业所有制的藩篱，创新国有企业治理结构

阿里合伙人制度是阿里在发展中为应对企业生存、市场竞

争、保持控制权而进行的公司治理结构的制度创新。通过这一制度创新，马云及其合伙人成功实现了在股权不占优的情况下牢牢掌握着企业控制权。阿里合伙人制度这一典型的企业内部治理创新对我国国有企业公司治理结构完善与创新具有借鉴意义。

当前国有企业改革发展中一个根本性的问题就是所有制问题，这也是制约着国企产权改革的难题。党的十八届三中全会提出国有企业要大力发展混合所有制，然而在现实中，"混改"举步维艰，说到底，国有企业仍未突破所有制的藩篱。阿里合伙人制度给我们的一个启示就是所有权对于现代企业来说只是企业剩余索取权的终极保障，而对于追求成长发展的企业来说，所有权的地位不断下降，而企业治理的规则制度却显得越来越重要。按照科斯定理，产权制度安排是优化资源配置的基础，也是降低交易费用的保障。当前针对国有企业产权改革，很多学者提出了"绝对控制论""退出论"等观点，其核心理念仍然把所有制作为讨论基点，而产权制度创新却显得滞后，常常形成国有与私有之间非此即彼的争论，在实际改革过程中也矛盾重重。因此，我们必须重新审视在国有企业改革中的所有制问题。笔者认为国企产权改革可以借鉴阿里合伙人制度，先从规范企业内部治理制度开始。不同性质和经营状况的国有企业大胆创新适合企业自身的治理结构和治理制度，使产权改革在企业内部制度框架下进行，就会既有序又易控制，从而有利于突破所有制的藩篱，真正从国有企业成长和发展的角度推进产权改革。

笔者认为当前突破所有制藩篱推进国有企业治理结构创新，可以从以下三点着手：

（1）推进国有企业混合所有制改革。《指导意见》中明确指出国有企业要发展混合所有制，而对于创新公司治理结构来说，最重要的是积极引入非公有资本参与国有企业改革，在混合所有制改革中赋予非公有资本同股同权，并吸引其参与国有企业的治理，并在混合所有制改革中坚持控制权优先原则，根据不同国有企业的股权结构，在实践中创新公司治理结构，节约交易成本，提高国有企业治理效率。

（2）加快国有企业兼并重组，创新公司治理结构。在经济新常态下，国有企业经营业绩下滑，许多国有企业经营业务交叉、资产使用效率低，部分国有企业产能过剩现象较为突出，"僵尸企业"处置任务紧迫，而这些都需要通过加快国有企业兼并重组来应对。正如阿里合伙人发展历程一样，阿里集团也是在业务扩张，不断兼并重组的过程中产生了控制权问题。因此，我们也可以预判到国有企业在兼并重组中也会面临公司治理的"两权"分离问题。因而国有企业应突破所有制藩篱，在兼并重组中创新公司治理结构，实现重组各方"共赢"。例如，中国建材集团在兼并重组过程中积极发挥民营资本的作用，创新公司治理"央企市营"模式，创新公司治理结构，完善董事会制度，调动了重组各方的积极性和主动性。

（3）建立健全国有资产交易平台。当前无论是国有企业混合所有制改革，还是国企公司治理结构改革，都会遇到一个障碍，那就是国有资产的处置问题。从根本上讲，国有资产的处置涉及的是所有权问题，这就导致国有企业改革中所有制问题依然是焦点。这就导致了在混合所有制改革中我们强调国有股绝对或相对控股，非公有资本不愿也不敢进入；而在国企治理结构改革中害怕"内部人"控制现象出现，背负国有资产流失责任，董事会制度推进缓慢。因此，我们现在亟须建立健全国有资产交易平台，当国有企业在发展中涉及国有资产处置时，由经理层提交董事会决议，董事会审议后提交监管部门核准，最后将国有资产按市场规则在交易平台上交易。这一制度不仅有利于国有企业混合所有制改革，处置"僵尸企业"，也有利于国有企业突破所有制束缚，完善董事会制度，促进国企治理结构创新的多样化和个性化。

二、控制权是国有企业治理结构创新的核心

1. 控制权是现代企业的核心

从阿里的成长经历来看，企业若要快速发展，所有权就会不断分散，控制权问题会不断凸显，会面临"鱼和熊掌不可兼得"的两难选择。在市场和资本的驱动下，现代企业的发展越发表现出所有权的地位不断下降，而控制权的重要性越来越突出，这主要由以下几方面的原因导致：

（1）所有权高度依赖控制权。企业通常有独资、合伙制和股份公司三种形式。不论哪种形式，其实质都是所有权的分散程度不同，而不论企业所有权结构如何，其更为关键的是控制权问题。现实经济活动中，委托代理问题是公司治理的基本问题，代理人与委托人的偏好和目标并非天然一致，使得"利润最大化"悖论产生。所有权的体现（包括收益、指令等）往往依靠控制权，没有控制权所有权则毫无意义，所有权赋予的剩余索取权往往还可能是负资产。

（2）控制权是企业发展的决定力量。科斯以交易成本为衡量工具界定市场与企业的边界，而实际上交易成本又受制于控制权以及控制管理者和雇员的能力。尽管企业需要逐渐成长来减少与其他企业交易的成本，但是企业越大，监控管理者和雇员用以保证有效运作和盈利的成本也就越高，难度也越大。[1] 因此，企业控制权是否稳定和有力，影响着交易成本的大小，进而决定着

---

① ［美］丹尼斯·W·卡尔顿，杰弗里·M·佩洛夫. 现代产业组织 ［M］. 北京：中国人民大学出版社，2009：20.

企业规模的大小和发展的快慢。

（3）法治社会所有权不是取得控制权的唯一基础。在家庭手工业和工场手工业时代，市场的交易行为单一、数量有限，而且状态不稳定，加上社会民主和法治落后，因而这时的企业（或者工场）的控制权往往必须依赖所有权。在两次工业革命之后尤其在 20 世纪中期之后，随着国际经济一体化的加快，产业组织和企业生产组织模式发生了颠覆性的变化，企业内部和外部交易往往以各种形式的契约关系为纽带，同时社会经济的发展促进制度不断完善，法治社会成为公众追求的目标。在这种情况下，企业所有权的地位和作用不断下降，也并非是控制权取得的唯一基础，法治和契约成为权利激励约束的可靠保障。

2. 控制权是国有企业治理结构创新的"内核"

一直以来，国有企业治理结构改革基本是按照西方经典公司治理理论推进的，治理框架主要包括股东会、董事会、监事会以及经理层等，然而在现有的治理框架下难以真正解决国有企业委托代理问题。比如，中国石油天然气有限公司、华润（集团）有限公司等国有企业贪腐案件就是很好的例证。当前，从监管部门国资委到国有企业自身以及许多学者都把完善国有企业治理结构的重点放在股权多元化、董事会制度推广以及国企整体上市上，而实际从阿里合伙人制度诞生过程来看，如果企业股东对内部治理结构没有共识，企业内部治理制度不健全，反而会给企业治理带来重重困难。因此，笔者认为创新国有企业治理结构应该把改革的"内核"放在控制权的规范和保障上，对于国有企业来说，控制权的分配和监督机制应该是治理结构完善的重点。阿里合伙人制度框架下的公司治理充分表明了控制权并不一定依赖于股权占优，治理制度创新对于现代企业可能更为重要。因此，我们要转变当前国企改革在所有制上"鸡生蛋，蛋生鸡"式的争论，把重点放在围绕控制权进行国有企业治理结构和治理制度创新上。围绕控制权的国有企业治理结构创新应着重从以下几方面展开：

（1）坚持依法治企，依企业章程治企，建立和完善国有企业法人治理结构。党的十八届四中全会提出要全面依法治国，而依法治企是依法治国的重要表现。对于国有企业来说，政府干预企业日常经营活动一直难以避免，这往往导致政企不分，政府对国有企业治理结构设计、职位设定以及高管选聘等都非依据市场需求而定，而是遵循政府的意图。因此，随着混合所有制改革推进以及国有企业股权多元化，国有企业所有权也会逐渐分散。在此情况下，对国有企业的有效控制就显得格外重要，在依法治国的背景下，要坚持依法治企就必须首先建立和完善公司章程，把公司章程作为公司治理的最高"宪法"。马云及其团队就是依靠公司章程赋予的权利实现了在不控股条件下对阿里的有效控制。当然，不同国有企业的章程由于主客观条件不同往往会有很大差异，这就要求国有企业公司章程必须要通过监管部门核准，真正实现"一企一策"，从而有利于建立和完善国有企业法人治理结构。

（2）推进国有企业股权多元化，完善董事会制度。要创新国有企业治理结构，必须依靠股权多元化，在当前国有企业中，国有股"一股独大"依然是普遍现象，在所有权高度集中条件下讨论控制权问题也就意义不大，但是国有企业效率低下问题也就"如影随形"。因此，推进股权多元化是国有企业创新治理结构的产权基础，当前许多国有企业股权多元化实质是国有企业之间互相持股，这也就导致股东大会的作用难以显现，而股权多元化更需要民营资本和社会资本的进入。董事会是由股东大会选举产生的，对股东大会负责，是股东大会闭幕期间常设的权力机构，董事会需要定期向股东大会汇报公司经营情况以及重大事项等。由此可见，股东大会与董事会也是一种委托代理关系，董事会行使的是公司代理人职责，对公司日常经营事务进行管理。①没有股权多元化，股东大会就难以选出结构合理、利益博弈的董事会，董事会在企业运营中的"核心"作用也难以发挥。因此，国有企业应大力推进股权多元化，积极吸引民营资本和社会资本参股国有企业，完善董事会制度，赋予董事会在国有企业决策和经营中的核心地位。

（3）创新国有资产监管体制机制。传统的国有资产监管体制机制都是在公有制产权制度背景下逐渐演化发展并沿袭至今的，但是国有企业的所有者虚置，以及与政府之间委托代理关系导致政府监管部门常采用管人、管事、管资产等"婆婆"式管理方式，政企不分现象难以根除，国有企业法人治理结构的作用发挥受到阻碍。然而，《指导意见》指明了未来国有企业改革方向最为重要的一方面是推进混合所有制改革，放松所有权管制，既鼓励非公有资本参与国有企业改革，也允许国有资本入股非国有企业，这些都会倒逼传统的国有资产监管体制机制改革，推进国有资产监管由"管资产"向"管资本"转变。因此，我们必须加快构建以围绕控制权为核心的新型国有资产监管体制机制。这就需要着力做好两方面探索和创新：一方面，要重新定位各级国资委职能。各级国资委应逐步过渡到以"管资本"为主，主要负责国有资本的投资运营，不干预投资企业的微观经营活动，促进国有资本合理流动，提高国有资本配置效率，从而确保国有资本的保值增值，并且每年或定期向全国人民代表大会做工作汇

---

① 邹俊. 中央企业战略重组及其国际竞争力提升研究 [M]. 北京：经济日报出版社，2016：191.

报，切实履行代理人职责；另一方面，发挥国有企业法人治理结构的内部监督职责。在公司治理结构中，外部董事或独立董事应当发挥内部监督的作用，但实际上我国国有企业外部董事聘任大多并非市场化选聘，往往是董事长或总经理聘任，缺乏"独立性"，导致其在公司治理中难以发挥监督作用。因此，今后国有企业应该创新外部董事或独立董事选聘机制，按市场化选聘外部董事，赋予外部董事监督企业经营决策的权力，外部董事的考核由股东大会及监管部门共同执行，并与其薪酬挂钩，避免出现当前许多外部董事或独立董事只拿薪酬不管事的现象，杜绝外部董事成为董事会的"橡皮图章"，并建立外部董事追责机制。

三、国有企业治理结构创新要以现代公众型公司为目标

1. 阿里合伙人制度符合现代公众型公司的产业组织特性

随着全球经济一体化和网络化的发展趋势，社会分工和产业组织形态也在不断演变。在产业分工不断精细化和全球化的时代，现代企业与古典企业的性质也发生了很大的变化，阿里作为网络经济时代下新兴科技企业的代表，其发展成长及合伙人制度印证了产业组织演变趋势是符合内在逻辑的。主要体现在以下几方面：

（1）现代企业强调组织的合作性。随着社会分工的不断深化，现代企业无论在生产还是在市场交易中，合作是必不可少的，并且其地位越来越重要。同时，产业组织的演化发展也要求企业内部和企业之间必须加强合作。有效的合作不仅可以节约生产成本和交易成本，而且可以为企业在市场竞争中带来持续的竞争优势。阿里合伙人制度从企业治理角度强调的正是合伙人与董事会以及合伙人之间的合作，在所有权、控制权之间开创了合作性的权利配置方式，寻找到了适合阿里自身发展的治理结构。

（2）现代企业治理呈现人格化的发展趋势。在新古典世界里，企业的管理只是组织生产资料、下达指令、监督执行以及奖惩等生产函数式的机械化的活动，人作为生产要素只是劳动的载体，企业毫无人格化特征。然而，随着产业组织的发展，现代企业在管理活动中人格化趋势越来越明显，如，企业文化的塑造、企业社会责任的履行、企业家的个性特征、企业内部信任关系的强化等。另外，现代企业中的人力资本的人格化也是企业人格化特征的突出体现。企业人力资本是企业发展中团队生产和知识传递的载体，而人力资本并非如新古典中"机器人"般追求简单，他们具有多样化和个性化的效用追求。在许多情况下，人们不仅有财富最大化行为，还有利他主义以及自我实施的行为，这些不同动机极大地改变了人们实际选择的结果。① 阿里合伙人制度正是适应了这种人格化的发展趋势，兼顾了员工、管理层、股东和合伙人等各方利益和价值诉求。对阿里来说，这种人格化特征正是体现在马云的"客户第一、员工第二、股东第三"这一理念中。

2. 创新国有企业治理结构，向现代公众型公司转型

国有企业从性质上来说是全民所有，本质上要求其必须接受公众监督，而国有企业委托人虚置的问题。一直困扰着企业的经营和管理，也是国有企业经营管理被诟病效率低下的根源之一。但是，从目前国企整体状况来看，不仅公众难以监督，就连监管部门往往都难以掌握企业真实经营情况，"内部人控制"现象突出。为了解决这一顽疾，决策层和企业自身都应强调完善治理结构，但是阿里合伙人制度启示我们，企业的治理根本要靠共同的

---

① [美] 道格拉斯·C. 诺思. 制度、制度变迁与经济绩效 [M]. 杭行，译. 上海：上海人民出版社，2008：27.

治理理念、完善的治理制度以及高效的合作关系，而这些要求国有企业创新治理机制，积极向现代公众型公司转型。笔者认为国有企业向公众型公司转型应从两方面着手：

（1）积极稳妥推进员工持股。国有企业往往规模较大，管理层级较多，企业组织加强内部合作是国有企业节约交易成本，提高效率的重要途径。国有企业员工本身也是企业的内部公众，不仅是企业发展的人力资本，也是企业治理的重要部分。当前，国有企业员工难以参与企业经营决策，收入分配不公平，平均主义现象依然存在，严重束缚了国有企业员工的创造性和积极性，导致国有企业员工尤其是技术人才流失严重，经理层激励不足，企业家精神难以发挥，国有企业内部交易成本高，合作性不够，也难以适应人格化产业组织发展特点。《指导意见》指出要探索混合所有制企业员工持股。因此，笔者认为我们应积极稳妥地推进员工持股。首先，要允许技术、管理等人才资本按照要素贡献持有一定股份；其次，应当逐步推进员工持股，规范员工持股的股权流转、买卖和退出机制，发挥员工作为内部公众不可替代的作用，促进员工利益与国有企业利益一致，发挥员工内部监督和参与经营决策权力，形成"内部人监督"，从而有利于创新和规范国有企业治理结构，遏制"内部人控制"现象。

（2）发挥市场和政府"两只手"作用，促进国有企业向公众型公司转型。首先，对于有条件公开上市的，尤其是竞争性领域的国有企业应该放松管制，鼓励整体上市公开发行股票，发挥市场"无形之手"的作用，真正成为公众公司。促使企业公开经营信息，提高经营效率，接受股东、监管部门以及社会公众的监督。其次，对于条件不成熟以及一些不易公开上市的国有企业要以公众型公司为目标，建立和完善政府与公众监督机制，发挥政府"有形之手"的作用。对于这类国有企业，要逐步建立定期经营报告制度，其经营信息除非涉密也应在一定范围向社会公众公开。另外，这类企业每年度经营状况还应向各级人民代表大会及其常委会进行汇报，接受人大代表的监督，企业负责人提名要经过人民代表大会通过。通过这些政府和公众监督机制的完善，可以有效弥补国有企业委托人虚置带来的一系列问题，从而实现这类国有企业向现代公众型公司转变。

四、发挥企业家精神，完善相关法律制度，优化国有企业治理结构创新的制度环境

通过阿里上市历程及其合伙人制度的创新，我们发现相关法律制度重要性凸显。阿里是在开曼群岛注册的私人公司，因此，阿里在未上市之前可以通过公司股东自治方式分配权力和设计治理结构，合伙人制度的实施在法律上并无障碍。然而，当阿里最开始准备在香港上市时却遇到法律制度的阻碍，香港公司法和证券规则并不承认双重股权架构以及合伙人制度，最终阿里选择了在允许合伙人制度的美国上市。法律制度对阿里上市历程的影响启示我们，企业上市成为公众公司，无论是国有企业还是民营企业都必须依赖于一定的制度环境。因此，笔者认为可以从以下两方面着手。

1. 发挥企业家精神，大胆创新实践

奈特（Knight）指出在不确定性下，"实施某种具体的经济活动成了生活的次要部分，首要的问题或功能是决定干什么以及如何干"。这"首要的功能"即企业家的功能。① 按照奈特的观点，企业存在着大量的不确定性，而企业家不得不承受这些不确

---

① 张维迎. 企业理论与中国企业改革［M］. 上海：上海人民出版社，2015：77.

定性。正如阿里上市之路以及合伙人制度的发展，背后都是以马云为首的企业家团队勇于承担风险，大胆创新公司治理结构的成果。因此，国有企业要创新公司治理结构首先必须发挥企业家精神。国有企业在深化改革中也存在大量不确定性，更何况不同的企业状况千差万别，国有企业的企业家必须在政府宏观政策指引下，审时度势，因企施策。这就需要国有企业的企业家必须从风险规避到敢于承担风险，大胆创新实践。政府也应建立相应鼓励政策，允许企业家对国有企业内部治理制度创新，建立容错试错机制，消除企业家的后顾之忧，从而真正发挥国有企业的企业家功能。

2. 修订和完善相关法律法规

通过阿里合伙人制度的发展，我们可以清晰地看见良好的制度环境对企业治理创新的重要作用。因此，从这一层面来看，我国的《公司法》和证券规章制度必须适时地修订和健全，目前我国《公司法》依然规定遵循一股一票、同股同权原则，虽然《公司法》允许发售类别股，但在实践中一直难以推行，2014 年3 月，中国证监会发布《优先股试点管理办法》开始真正探索优先股等类别股的实践操作。另外，加快健全和修订相关法律制度可以为国有企业治理结构的创新提供法律保障和制度支持。监管部门要鼓励国有企业治理结构的制度创新，允许大胆试验探索，从而激发内部活力。

公司治理结构的完善一直以来都是国有企业改革发展的重要议题，既积累了很多成功经验，也还有许多未解的难题。阿里合伙人制度从表面上看具有浓厚的阿里色彩及其特殊性，但是深入剖析，我们发现控制权问题是公司治理的核心，也是产业组织演化发展的必然结果，因此其又具有一定的普遍性。阿里合伙人制度是典型的公司治理的制度创新，对我国国有企业在混合所有制改革，具有很强的启示作用，我们要勇于消化吸收一切体制内外公司治理结构的制度创新，深入推进国有企业改革发展，正所谓"取之无禁，用之不竭"。①

---

① 邹俊，徐传谌．阿里巴巴合伙人制度对国企治理结构创新的启示［J］．理论探索，2016（3）：81－86．

第六章 混合所有制改革背景下推进新时代国有企业治理创新的对策建议

从前面章节的理论研究和案例分析来看，混合所有制改革是促使新时代国有企业治理创新的有效途径。但是，我们也要清醒地认识到无论是混合所有制改革还是国有企业治理创新都不可能"一蹴而就"，也不可能是"一马平川"，从目前国有企业公司治理改革的成效来看，仍然有许多方面需要深化改革，进行系统的体制和机制创新。在混合所有制改革背景下，笔者认为今后应该着力从以下几方面推进新时代国有企业治理创新。

第一节 坚持党的领导与发挥国有企业党组织治理创新功能相结合

如前文所述，由于交易成本的存在，随着交易频率和次数的增多，经济组织形式会逐步从市场制转向层级制，虽然内部组织具有自发适应和合作适应的优势，但是也会受到内部组织失灵的困扰，进而对公司治理产生影响。国有企业党组织参与公司治理在宏观制度环境层面虽有保障，但仍必须充分发挥其特殊治理功能，降低内部组织交易成本，纠正内部组织失灵问题。笔者认为应从以下这几方面推进。

一、加强党组织的组织创新功能，构建中国特色国有企业治理理论

国有企业治理是一个世界性的难题，也没有一个"放任四海而皆准"的国有企业治理模式，各国也都是根据本国国有企业的特质进行国有企业治理改革和创新。Peng et al. 认为国有企业在世界经济中越来越普遍，但是，现行主流的企业理论在很大程度上忽视了国有企业引入企业概念化的理论差异，鉴于国有企业作为全球经济中的一种组织形式所具有的中心性和长期性，很明显，是时候让企业理论不再忽视它们了，国有企业值得我们的尊重。① 如前文所述，作为一种经济组织形式，中国国有企业在漫长的改革发展历程中，既有一般层级制国有企业的普遍特征，也形成了具有中国特色的国有企业组织形式的特质，其中最关键的就是党组织在国有企业治理中有着独特作用。因此，新时期要充分发挥国有企业党组织参与公司治理的组织创新功能，降低内部组织交易成本，纠正内部组织失灵，构建中国特色国有企业治理理论，笔者认为可以从以下两点着手。

1. 把国有企业战略发展规划与组织创新结合

新古典经济学把技术创新作为企业经济绩效提升的关键，而忽视了组织创新。但是随着创新研究不断深入，人们越来越注意到组织创新对企业获取持续竞争优势的重要性，正如 Arrow 所言："可以确定的是，在人类创新中，利用组织来实现其目标是人类最伟大也最早期的成果。"② 党组织参与国有企业治理要做到"把方向、管大局、保落实"。要落实到具体的微观治理中首

---

① M. W. Peng, GD Bruton, GV Stun et al. Theories of the (state-owned) firm [J]. *Asia Pacific Journal of Management*，2016，33（2）：293–317.

② Arrow, K. J. *Essays in Theory of Risk-Bearing* [M]. Chicago：Markham, 1971：124.

先要把国有企业战略发展规划与组织创新结合，从降低内部组织交易成本来看，关键要做好以下两点：其一，党组织要适时参与和主导组织形式创新。对于企业来说，没有一种组织形式可以"一劳永逸"，必须要结合企业的发展状态和战略规划，党组织参与和组织创新有机结合才能降低治理成本，防止内部组织失灵。其二，要不断创新组织管理模式。今天的国有企业规模和改革开放前的国营企业"不可同日而语"，同样，当前党组织参与国有企业治理的方式方法与之前也会"大相径庭"，总之，国有企业要不断创新组织管理模式，使之与企业发展的状态相匹配，才能降低内部交易成本，提高企业绩效。比如，海尔集团推行的人单合一就是对组织管理模式的创新，降低了层级间的交易成本，提高了效率。

2. 国有企业党组织领导核心地位贯彻到组织创新之中

组织创新对国有企业的持续发展如此重要，理所当然地要把党组织的领导核心地位贯彻到组织创新之中。党组织既是组织创新的主体也是组织创新的客体，随着国有企业的不断扩张，规模不断扩大，如图 6-1 所示，传统的单一型结构（也称 U 结构）更易出现内部组织失灵现象，而多部门组织结构（也称 M 型结构），总部或总公司只负责公司的总体规划和战略，不插手具体的经营活动，每一个运营部门或子公司都是相对独立的经营单位，追求自身的利润最大化，从而更有利于遏制有限理性和机会主义问题，党组织参与公司治理可以创新 M 型结构，如图 6-2 所示，形成一个"强 M 型结构"，图 6-2 中虚线表示党组织是嵌入原先 M 型组织结构中的，加强了对原先 M 型结构纵向和横向的协调与沟通，党组织参与国有企业治理应聚焦于企业战略性问题而不涉及具体的运营，如企业规划、兼并重组、激励与监督等。党组织在"强 M 型结构"中既可以给予各部门相对独立自由的权限，激发各部门的活力；同时在这些重大战略性问题的决策上，能够更好地协调层级制中的同级间和上下级间的意见，促使他们达成共识。这些都可以大大降低内部组织交易成本，提高党组织参与治理的有效性。

图 6－1　U 型组织结构

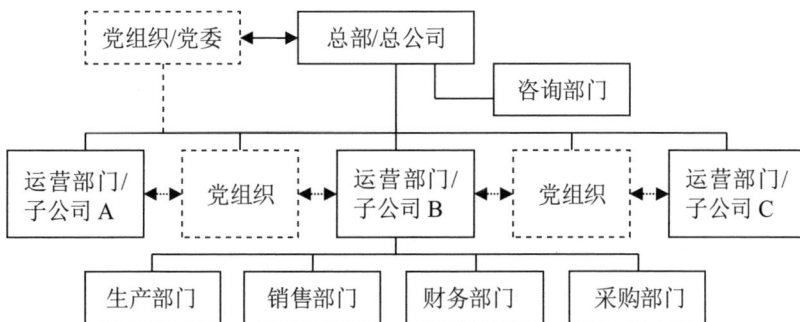

图 6－2　强 M 型组织结构

二、发挥党组织公司治理结构的完善功能，明确国有企业党组织的公司治理定位

2016 年 10 月召开的全国国有企业党的建设工作会议上，习近平总书记指出：中国特色现代国有企业制度，"特"就特在把党的领导融入公司治理各环节，把企业党组织内嵌到公司治理结构之中，明确和落实党组织在公司法人治理结构中的法定地位，做到组织落实、干部到位、职责明确、监督严格。① 这一论述为

---

① 共产党员网．习近平在全国国有企业党的建设工作会议上强调坚持党对国有企业的领导不动摇开创国有企业党的建设新局面［EB/OL］．［2016－10－11］．ht-tp：//news. 12371. cn/2016/10/11/ARTI1476185678365715. shtml.

国有企业党组织参与公司治理提供了理论界定和实践指导。通过把党组织参与公司治理和完善法人治理结构有机结合，使党组织功能和作用定位明确，有利于降低内部组织交易成本，防止内部组织失灵，笔者认为当前应从以下几方面着手。

1. 把党组织作为公司治理结构的有机组成部分

国有企业治理结构改革从"老三会"（党委会、职代会和工会）向"新三会"（股东大会、董事会、监事会）转变，最大的一个问题就是党委（党组）会的地位如何处理。一段时间内，国有企业仅仅把党组织作为"政治核心"，党组织主要是在思想政治工作、群众工作、企业文化建设等方面发挥作用，对公司具体的治理很少参与。实践证明，这实际是弱化了党的领导，也与新时期"国有企业是中国特色社会主义的重要物质基础和政治基础"的要求不符。当前，应把党委（党组）会嵌入公司治理结构之中，使得董事会、监事会和股东大会有一定比例的党委（组）成员。当然，在分类治理背景下不同类别的国有企业党组织参与的重点应有所区别。笔者认为，对于公益类国有企业，由于面临市场失灵问题，这类国有企业肩负着更多的社会责任和政治使命，如铁路、石油、军工等。对于这类国有企业董事会应有至少 2/3 党委（组）成员，而监事会则可以较少党委（组）成员，即不超过 1/3，更多引入外部监事，这样可以提高这类国有企业决策的效率，也有利于发挥外部监督作用，形成有力的制衡。相反，对于商业类国有企业，如建筑、纺织、运输等，这类国有企业会面临更多的国内外市场竞争，对于这类国有企业董事会应不超过 1/3 党委（组）成员，而监事会则至少有 2/3 党委（组）成员，这样可以确保这类国有企业适应市场竞争，提高治理效率，也充分发挥党组织的监督和控制作用，维护出资人的权益。

2. 明确党组织的公司治理角色定位

一个有着持续功能和作用的组织，才是组织不可或缺的。党组织要有效地嵌入公司治理结构，必须明确党组织的功能和作用。笔者认为，从完善法人治理结构来看：其一，要贯彻落实党组织"讨论前置"的决策机制。2016年10月，《关于印发〈贯彻落实全国国有企业党的建设工作会议精神重点任务〉的通知》正式将"讨论前置"确立为所有国有企业都必须采用的决策机制，提出"健全党组织议事决策机制，厘清党委（党组）和其他治理主体的权责边界，完善'三重一大'决策的内容、规则和程序，落实党组织研究讨论是董事会、经理层决策重大问题前置程序的要求"。换言之，中央对国有企业党委（党组）提出了新要求：在决策中通过"讨论前置"发挥领导作用，把党的政治方针落实到企业经营中。① 因此，国有企业应坚决贯彻落实"讨论前置"的决策机制，防止出现内部组织失灵现象。其二，要建立党组织在国有企业监事会"最后审核人"的角色。国有企业党组织不仅要在重大决策问题上发挥作用，还要在监督控制上发挥不可替代的作用。国有企业的经营活动最后有没有按照党委（党组）会和董事会的决策部署来执行，执行效果如何？绩效如何？为了确保国有资产的保值增值，党组织必须在监事会中扮演"最后审核人"的角色，也就是说，在监事会通过监督审核后，最后提交党委（党组）会审核决议。这样有利于遏制组织内部经理人的机会主义，防止经营目标分散，经理人串谋等问题，从而降低内部组织交易成本。

---

① 强舸. 国有企业党组织如何内嵌公司治理结构？——基于"讨论前置"决策机制的实证研究 [J]. 经济社会体制比较，2018（4）：16–23.

三、发挥党组织的制度创新功能，建章立制，依法依规有序参与国有企业治理

国有企业党组织要想持续稳定地参与公司治理，不仅要有外部制度环境的保障，最关键的是国有企业内部要通过建章立制，通过一系列的制度性专用性资产投入，向国有企业内部组织做出可信任承诺，推进党组织依法依规有序参与国有企业治理。这样既可以防止内部组织失灵，也有利于降低内部组织交易成本，当前发挥党组织的制度创新功能可以从以下两方面推进。

1. 完善内部规章制度，明确规定党组织参与国有企业治理的途径、范围和方式等

在历史上，曾经出现过国营企业"党管一切"的现象，而在以建设现代企业制度为核心理念的新时期国有企业治理中，也要防止出现党组织"乱插手""瞎指示"等问题。作为现代国有企业，公司章程是治理企业的最有效的内部控制制度，必须在公司章程中对党组织参与公司治理的途径、范围和方式等做出明确的界定。国有企业应当在公司章程中对党组织参与治理尤其是参与董事会治理的程序和方式，进行细化，以充分提高企业内部控制有效性，同时要注意在公司章程中明确违反公司章程参与治理尤其是参与董事会治理的责任，防止党组织的权力滥用，避免党组织以参与企业治理为名，行干预企业经营管理之实。① 通过细化公司章程相关规定，一方面，可以有效约束党组织这个国有企业内部隐形的"权力之手"，另外一方面，也给予内部组织中不同层级一个明确的信号指示——党组织参与公司治理是稳定持续的，但也是有限的有章可循的。这样可以大大降低内部组织交易

---

① 吴秋生，王少华. 党组织治理参与程度对内部控制有效性的影响——基于国有企业的实证分析 [J]. 中南财经政法大学学报，2018（5）：50–58.

成本，防止出现内部组织失灵。此外，国有企业党组织也需要加强自我约束，通过制定和完善党组织内的相关规章制度，对新时期党组织参与公司治理的范围、方式方法等做出党内组织纪律规定，配合公司章程，通过制度性的协同合作，发挥国有企业党组织公司治理的特殊功能。

2. 完善国有企业基层党组织体系建设，为持续有序参与公司治理提供组织制度保障

虽然党组织参与国有企业治理在国有企业治理改革历史上是一脉相承的，但不可否认的是，从 20 世纪 90 年代末开始，随着国有企业经济效益低下，大量企业陷入困境，如何实现国有企业早日脱困，提高企业经济绩效成为国有企业改革的重中之重。因此，在国有企业内部治理中党组织的政治核心作用逐步弱化，逐步让位于企业经济目标的追求，其突出的表现是国有企业内部基层党组织涣散，党支部建设形同虚设，很多干部党员意识淡薄，追求高薪资、高职务消费，组织内部铺张浪费严重等，不仅产生了许多腐败案件，也大大提高了国有企业治理成本。因此，在新时期党组织要有效参与国有企业治理，必须大力完善基层党组织体系建设，发挥党支部的战斗堡垒作用，把国有企业内部的基层管理人才和技术人才吸纳到党组织中，兼任党支部的职务，通过完备的组织体系和制度建设。一方面，可以大大减少沟通障碍。在层级制下有利于党组织率先垂范，做到令行禁止，也可以上传下达，发挥党组织的特殊沟通桥梁作用。另一方面，有助于实现党组织参与公司治理的各个环节。稳定健全的党的组织体系，是党组织纠正内部组织失灵，提高参与公司治理有效性的组织制度保障，也有利于提高组织内部的激励和约束，实现党组织有效参与公司治理的各个环节。

四、突出党组织企业文化的塑造功能，构建国有企业多元治理文化

随着国有企业市场化和国际化趋势增强，特别是混合所有制改革不断推进，公司的运营内外部环境和资本结构逐步多元化，企业内部组织的层级会不断增多，内部组织间的交易活动也会越来越频繁和复杂。这就要求除了通过正式制度来规范和约束内部组织的交易活动之外，作为现代国有企业尤其还要关注非正式制度尤其是企业文化对内部组织成员的特殊的激励约束作用。良好的组织文化不仅能够降低内部组织交易成本，对提高国有企业治理效率也大有裨益。当前应该从以下两方面突出党组织企业文化的塑造功能。

1. 努力塑造独特的多元治理文化

对于层级复杂的国有企业来说，塑造独特的多元治理文化迫在眉睫。当前国有企业治理的主体也呈现多元化趋势，不仅有内部组织自上而下或自下而上的层级制治理，也有外部利益诉求的参与式治理。企业高管、职业经理人、党组织、股东、员工、供应商、银行、地方政府以及监管部门等都可能成为参与主体。在市场经济条件下，国有企业要适应多元治理文化。国有企业内部组织治理从交易成本的角度来看是一系列契约的结合，契约的有效履行不仅要有正式制度的约束，也会受到非正式制度的软约束。Harvey Leibenstein 提出企业内部的生产力可能会受到企业及其员工采用的"努力公约"的影响。① 这就是为什么同样的技术、同样的产品、同样的规模而不同企业的经济绩效却有"天壤之别"。这也说明内部组织治理对企业绩效的影响不可小觑。

---

① Harvey Leibenstein. The Prisoners' Dilemma in the Invisible Hand: An Analysis of Intrafirm Productivity [J]. *The American Economic Review*, 1982, 72 (2): 92-97.

正如 Kreps 所指出的组织文化与声誉机制建立和契约履行具有明确的关系。① 因此，在国有企业多元治理的契约关系中应发挥党组织促进各主体诚实约定，消除各方试图欺骗对方的敌对行为的特殊作用，充分发挥党组织在公司治理中的声誉机制，从而纠正内部组织失灵，降低内部组织交易成本。

2. 把党组织公司治理特殊功能融入企业文化

国内外的公司治理经验表明，先进的企业文化对内具有凝聚人心、激发潜能、培养员工忠诚度、提高企业凝聚力与亲和力的作用，可以减少内耗、消除分歧、统一思想、加强沟通，并将企业的目标内化为个人行动的目标。② 企业文化在内部组织的互融和协调方面具有不可替代的作用。因此，党组织参与公司治理要主导和引领企业文化建设，着重发挥企业文化的导向和凝聚功能，促使企业的利益内化为员工的个人利益。把党组织参与公司治理融入企业文化有利于国有企业内部组织各层级目标统一，从而减少各层级的摩擦和内耗，减少机会主义行为，也有利于降低内部组织交易费成本，纠正内部组织失灵。③

第二节　坚持国家所有权与新时代
国有企业治理创新相结合

通过前文所述，我们认识到国家所有权是国有企业改革的产权基础，而深化国有企业改革又是巩固国家所有权的理性选择，

---

① Kreps, David M. *Corporate culture and economic theory* ［M］. Cambridge, UK：Cambridge University Press, 1990：90 – 143.

② 徐传谌，邹俊. 中央企业战略重组的不确定性及其规制研究 ［J］. 经济体制改革，2012（3）：86 – 89.

③ 邹俊. 惯性与逆转：发挥国有企业党组织纠正内部组织失灵特殊功能的思考 ［J］. 湖北经济学院学报（人文社科版），2022（4）：19 – 24.

两者是辩证统一的关系。当前，如何在坚持国家所有权的前提下，深化国有企业改革，有以下几方面值得我们深入思考。

一、客观认识坚持国家所有权与深化国有企业改革的"互促互进"关系

通过前文分析，我们发现坚持国家所有权与深化国有企业改革是一个矛盾的统一体，我们要坚持马克思唯物辩证法矛盾运动的发展观念，不能简单地把两者对立起来。有些学者把深化国有企业改革等同于逐步放松产权管制，能"私有就不国有"，放弃国家所有权；也有学者认为深化国有企业改革就是壮大国有经济，"能国有就国有"，牢牢掌握国家所有权，这些对立观点都是有失偏颇的、不全面的。我们应该从"互促互进"的角度理解这两者关系。

1. 坚持国家所有权和深化国有企业改革是"互促"的

国有企业改革历经四十年，一个根本的原则和核心理念就是通过改革更加契合社会主义市场经济发展的需求，而基于此深化国有企业改革会促使我们对国家所有权的理解更进一步，认识到要在市场竞争中实现国家所有权的巩固和维护，秉持国有企业改革的"竞争中性"原则，促使国有企业与非公企业在市场中公平竞争。

2. 坚持国家所有权和深化国有企业改革又是"互进"的

巩固和坚持国家所有权是深化国有企业的起点也是核心目标之一，最终是要做大、做强、做优国有企业，实现国有企业在新时代的高质量发展。深化国有企业改革又是坚持国家所有权的驱动力，国有企业不改革在市场竞争中就会陷入淘汰破产的窘境，何谈国家所有权？即使坚持了国家所有权却无法发挥对市场的影响力和控制力，对发展社会主义市场经济来说又有何用呢？因

此，我们要辩证地看待两者的关系，站在促进国民经济实现高质量发展的高度来理解坚持国家所有权与深化国有企业改革的"互促互进"关系。

二、从公司治理机制改革上坚持国家所有权"优先地位"

深化国有企业改革的一个重要方面就是国有企业治理机制改革。当前，国有企业治理机制改革的重点和关键点包括两方面：一个是公司制改革；另一个是推行董事会制度。但是，由于我国国有企业的特殊性，这两方面并不能完全按照西方私有企业治理机制进行改革，而应该强调构建具有中国特色的现代国有企业治理体制。其中一条重要的原则就是必须在治理机制改革上坚持国家所有权的"优先地位"。根据前文所述，笔者认为主要可以从以下几方面着手。

1. 关键领域和行业，坚持国有股权"优先地位"

当前深化国有企业改革，有人认为能交给市场的，国有企业就要逐步甚至完全退出。其实并非如此。即使在西方市场经济国家，在一些关键领域和行业，国有资本绝对和相对控股现象随处可见，这是市场失灵和外部性问题决定的。因此，深化国有企业改革，在关系国计民生的关键领域和行业，如能源、电力、铁路、通信、军工等，我们要坚持国有股权"优先地位"，这里的"优先地位"不一定是绝对和相对控股，但在关于企业运营的重大决策事项中，国有股权的"决策权"要有优先保证。这就相当于英国国有企业改革中的"黄金股"一样，具有"一股否决"的作用，体现了国家所有权在企业运营中"隐形的力量"。

2. 公司治理结构设计要体现国家所有权

深化国有企业改革，必须要使公司治理结构设计更加符合社会主义市场经济发展需要，在董事会、监事会、股东大会、党委会和经理层之间的权力、责任和利益关系上要有一系列制度安排，而这些制度在设计上要体现国家所有权。完善公司企业治理结构是国有企业公司制改革的核心，如何设计一套运行高效的，又相互制衡的决策机制和利益机制是改革的重点。笔者认为，当前在完善我国国有企业治理结构中有两块薄弱的方面亟须加强：首先，要加强党的领导，发挥党组织在国有企业运营中的特殊作用。近些年，按照企业理论完善国有企业治理结构的思路，把党的领导与公司治理割裂，认为党的领导对提高公司治理作用甚微，导致国有企业党组织的"政治核心作用"虚化。其实，健全和完善党组织在国有企业治理中的作用，不仅可以体现国家所有权，也可以把国有企业目标与国家和党的目标宗旨有机结合，创新中国特色国有企业治理机制。其次，要加强国有企业监事会作用。近些年，我们在国有企业监事会也做了一些探索，但总体效果不佳。例如，外派监事、独立董事制度都没有很好地解决监督的有效性和独立性问题。2012 年，我国上市公司监事会治理指数均值为 57.35，低于董事会治理指数 10 个百分点。① 因此，在混合所有制改革背景下开展监事会改革，一方面，要完善组成成员结构，各方利益代表要合理分配；另一方面，要着力对监事会成员履职担责进行监督考核。对重大决策监督不力、失职渎职乃至合谋共谋的行为实施终身责任追究制度。

3. 董事会构成要强调公司治理的多元化和个性化

推行实施董事会制度是深化国有企业改革的重要内容，也是完善国有企业治理结构的关键所在。在由"管资产"向"管资本"转变的背景下，董事会的组成结构即要强调多元化又要具有个性化。所谓多元化，就是在董事会中强调利益相关方多元参

---

① 江苏省国资委课题组. 国企改革十大难题 [M]. 南京：江苏人民出版社，2016：69.

与治理，而不能仅仅按股权多少分配董事席位，即要防止"一股独大"，又要防止"内部人"控制问题，使董事会决策过程更加透明更加合理，把国家所有权体现在多元化的治理中；所谓个性化，就是强调推进国有企业董事会制度，不能千篇一律，要根据企业所处行业和发展历史，进行个性化的董事会构建，竞争性领域国企可以多吸引外资、民资等加入董事会，在一些自然垄断、公用事业等行业则可以更多强调国有资本的话语权。总之，国有企业董事会的构成最终要以能够维护和体现国家所有权为要旨。

三、国有企业混合所有制改革中坚持国家所有权"进退并举"

当前，推进混合所有制改革是深化国有企业改革的重点内容之一。但是，这几年的混合所有制改革的成效与改革期望还是存在一定的差距，主要表现在：一方面，争论和质疑一直不断，有的学者认为混合所有制改革就是变相私有化，破坏了社会主义经济基础，也有学者认为"一混就灵"，把混合所有制改革当成包治百病的"灵丹妙药"；另一方面，由于怕触及混合所有制改革导致国有资产流失这一"红线"，担负经济和政治责任，所以这几年混合所有制改革推进速度较慢，实践成效还不甚明显。而这些问题出现的根源在于对混合所有制改革与国家所有权之间的关系没有认识透彻，固化地看待混合所有制改革和所有权属性。基于此，本书认为可以从以下几方面推进混合所有制改革。

1. 把混合所有制改革与坚持国家所有权统一起来

在市场竞争下，我们必须客观认识国有企业自身存在的问题。不深化改革，国有企业只能坐以待毙，或者不断靠国家补贴，变成"僵尸企业"，即使维持生存也毫无市场竞争能力，这样的国有企业所拥有的国家所有权有何意义呢? 通过推进混合所有制改革, 一方面发挥国有资本的杠杆作用, 引入带动社会资本和非公资本参与国有企业改革发展, 实际上是在企业治理内部引入竞争, 提高国有企业经营绩效, 最终是坚持和拓展了国家所有权; 另一方面, 在坚持国家所有权的最高宗旨下, 可以多途径、多种思维推进混合所有制改革, 而不是简单地把国家所有权等同于国有资产多少, 只要最终有利于坚持和维护国家所有权都可以去探索, 这样有利于减轻国有企业经理人的经济和政治顾虑, 激发企业家精神的发挥。

2. 在开放经济条件下, 必须动态地坚持国家所有权 "进退并举"

在开放经济条件下, 国有企业不仅参与国内市场竞争还会更多地参与国际市场竞争, 中央企业更是担负着提升中国国有企业国际竞争力的使命。因此, 随着市场竞争的瞬息万变, 我们不能静态固化地看待国家所有权, 而要动态流动地看待国家所有权的坚持问题。在市场竞争中, 不同类型的国有企业所处的市场结构、竞争状况也不尽相同。国有企业在混合所有制改革中对国家所有权要有正确的 "进退观", 在一些充分竞争的领域商业型国有企业可以大力推进混合所有制改革, 对国家所有权可以放松管制, 在竞争中有所 "退", 大力引进非公资本参与, 提高混合制企业的经营绩效, 提高市场竞争力; 而在一些竞争不充分、外部性较强的战略性产业、新兴产业和公用事业领域, 则要求国有企业大力发展和扶持, 坚持国家所有权有所 "进", 以社会福利最大化为目标。坚持这样一种国家所有权的 "进退并举", 不仅有利于推进混合所有制改革, 也有利于提高国有资本对国民经济的带动力、影响力和控制力。

四、在国有资产管理体制改革中坚持国家所有权的"中国特色"

国有企业要想实现高质量发展，必须改革现行国有资产管理体制，打破传统的计划及体制下的管理模式，构建与市场经济相融的管理体制机制，这也是深化国有企业改革的应有之义。但是，在中国发展社会主义市场经济的条件下，在国有资产管理体制改革中必须"有声有色"地坚持国家所有权，我们可以从这两方面着手。

1. 进一步理顺委托代理关系，防止道德风险，创新中国特色国有资产管理体制

现代企业管理中，委托代理是一种常态，与所有权属性无关。西方私人企业委托代理关系处理不好，也会产生道德风险问题。然而，对于深化国有企业改革来说，厘清国家所有权的委托代理关系首先要界定好国有资产管理部门即国资委的职能定位。这里要把国有资产管理的政府公共管理职能与国家所有权带来的出资人职能区别开，作为国有资产监管机构，主要履行的是国家所有权带来的所有者收益权、决策权以及相应的管理权，而不是履行公共管理职能；而在公共管理上，应按照"国家所有、分级代表"的原则，理顺各级国资委的关系，就行使国家所有权的主体来看，除全国人大和国务院外，应进一步明确国资委行使的国家所有权权责、加大授权力度，实现国有资产的监管主体与经营主体分开，① 从而促使国有资产管理"政资分开、政企分开"，理顺国家所有权的委托代理关系，创新中国特色国有资产管理体制，防止代理人道德风险，防止国有资产流失，促进国有资产保值增值。

---

① 江苏省国资委课题组. 国企改革十大难题 [M]. 南京：江苏人民出版社，2016：73.

2. 把国有资产管理体制改革与"管资本"相匹配，使中国国有资本在国际市场竞争中敢于"发声"

在国有资产管理向"管资本"转变的背景下，国有资产管理体制改革要与"管资本"相适应，破除传统以"管资产"为核心的管理体制机制，积极推进国有资本投资运营平台的组建，变过去"国资委—国有企业"的两级管理体制为"国资委—国有资本投资运营公司—国有企业（或国有资本参股企业）"的三级管理体制，变过去行政指令为更加强调市场化运营，完善相关法律制度，依法依规治理企业，通过市场化法制化手段保障国家所有权。通过构建以"管资本"为核心的国有资产管理体制，秉持国有企业"竞争中性"的原则，可以为国有资本"走出去"扫除体制机制的障碍，破除欧美国家针对中国国有资本投资的无端指责，促使国有资本在国际市场竞争中敢于"发声"，在市场竞争中坚持和维护国家所有权权益。[①]

第三节　坚持混合所有制改革与完善
国有企业公司治理结构相统一

完善的公司治理结构是提升国有企业核心竞争力的组织机制保障。如前文所述，公司治理结构本身并无统一标准和好坏优劣，关键是公司治理结构与公司治理能否相适应，也要结合各企业的自身历史发展经历和各自特色。总的来看，国有企业治理结构仍然有待完善，而混合所有制改革也是完善国有企业治理结构的重要契机，我们应该在混合所有制改革中不断完善公司治理结

[①] 邹俊. 国家所有权与深化国有企业改革 [J]. 内蒙古社会科学，2019（6）：132–138.

构。我们需要着重做好以下几方面工作。

一、利用混合所制改革加快完善国有企业治理结构

按照西方公司治理理论，公司治理结构主要分为股东会、董事会、监事会以及经理层四个主要组织机构，各机构间互相联系又互相制约，从而保证所有权、决策权、经营权和监督权互相独立，有力地保证了公司高效合理有序地运营。而对于中国国有企业来说，就像本书前面所述，把党的领导有效融入公司治理结构是新时代中国国有企业治理制度的重要"特色"表现。因此，国有企业混合所有制改革还有一个重要使命就是打破原先"国有股"一股独大的国有企业治理结构，构建更加完善、更加适应混合制企业的公司治理结构，笔者认为今后应着重做好以下两方面工作。

1. 通过混合所有制改革完善国有企业产权结构

产权结构是公司治理的基础，一个企业良好的产权结构，对公司治理和经营管理至关重要，通过混合所有制改革可以有效促进国有企业产权结构和经营权力结构重组。国有企业治理结构权力配置不合理的一个重要根源是产权结构不合理。目前大多数国有企业基本是国有股"一股独大"，即使在进行了股权多元化改革的国有企业，也大都是国资背景企业之间互相持股，民营资本和社会资本还是难以真正涉足国有企业产权改革。如本书前文所述的中国宝武集团的案例的启示，国有企业混合所有制改革中产权多元化是核心和关键，而混合所有制改革是国有企业优化产权结构的良好契机，我们应该积极汲取中国宝武的经验，秉持"宜混则混""应混尽混"的原则，拿出具有"含金量"的具体混合所有制改革项目吸引民营资本和社会资本参与进来，在混合所有制改革中通过市场机制调节和优化国有企业产权结构，从而

为完善公司治理结构打下坚实的产权基础。

2. 在混合所有制改革中规范和提升股东大会作用

混合所有制企业的公司治理要平等地维护和保障不同所有制股东的利益。按照《公司法》以及公司章程规定，股东大会是公司的最高议事和决策机构，是企业的最高权力机构。按西方公司治理理论来看，尤其是在委托代理关系下，日常管理和经营公司的是经理人，但是股东却是公司的真正所有者，拥有企业的剩余索取权。但是在现实的公司治理中，尤其对大企业来说，伴随着股权分散，股东的权力往往受到诸多削弱，往往出现"内部人"控制现象，或者由于大股东"一股独大"导致股东大会流于形式，大股东侵占小股东利益的真实事件层出不穷。因此，我们应该着力在国有企业混合所有制改革中，通过降低"国有股"股权比重，合理配置股权和相关投票权，不断规范和提升股东大会的作用，真正使国有企业的股东大会具有企业重大事项的决定权、人事任免权以及企业运营的监督权等，保障各股东的责权利对等，使得经理层真正对股东负责，从而有效弥补国有企业的所有者缺位现象，在混合所有制改革中促进国有企业成为规范的市场法人主体。

二、在混合所有制改革中完善国有企业董事会制度

国有企业建设现代企业制度最核心的就是董事会制度建设，董事会是由股东大会选举产生的，对股东大会负责，是股东大会闭幕期间常设的权力机构，董事会需要定期向股东大会汇报公司经营情况以及重大事项等。从公司治理角度来看，股东大会与董事会也是一种委托代理关系，董事会行使的是公司代理人职责，负责公司日常的经营管理和决策。因此，倘若董事会制度不健全就会导致代理成本高昂，治理效率低下，甚至会出现公司治理混

乱。因此，混合所有制改革一个重要的内容就是完善国有企业董事会制度，笔者认为今后应该做好以下几方面工作。

1. 赋予董事会在混合制企业公司治理结构中的核心地位

混合所有制改革会使得企业的股权分散和多元化。在日常经营活动尤其是重大投资决策中董事会是关键。作为一个混合制企业，为了防止产生"内部人"控制现象，应该赋予董事会在混合制企业公司治理结构中的核心地位。如前文中国宝武的案例，在今后的混合所有制改革中，要不断赋予和强化国有企业董事会的核心地位，由董事会制定和决策混合制企业的经营发展的重大问题，但是董事会不应该直接参与企业的日常经营管理，而把主要工作放在研究和制定混合制企业发展战略以及公司运营关键点的监控上。

2. 优化董事会的成员结构，明确权责

要想发挥董事会在国有企业经营活动中的核心作用，还必须通过混合所有制改革完善国有企业董事会的成员结构，改革后的混合制企业董事会要真正履行股东代理人的职责，就必须逐步加大外部董事的配置力度，使董事会成为制定经营战略和重大决策的核心。近年来中国宝武的快速发展，很大程度上就是得益于其不断优化的董事会成员结构，除一两名执行董事外，其余董事都是外部董事或独立董事，而且外部董事占多数。另外，要想让董事会真正成为混合制企业的公司治理核心，就要赋予董事会应有的权力，除了一些公司章程规定的涉及股东利益的重大事件，如并购、上市以及一些重大投融资活动等提交股东大会进行决策外，而在日常经营活动中，应该给予混合制企业董事会以充分的权力，并且明确权责，将企业的投资决策权、经营权、高管选聘任免权、高管薪酬决定权等权力交给董事会，进而使得董事会的公司治理的核心作用得以有效发挥。

第四节　把转变政府职能与国有资本
投资公司治理创新相结合

近年来，关于国有投资公司的运营和管理逐渐成为国内外学术界研究的一个热点。国外对国有投资公司的研究往往与国有企业问题紧密联系，也形成了诸多理论体系和派别。随着我国市场经济的不断深入发展，国有资产管理逐步从"管资产"向"管资本"倾斜，国内学术界关于国有投资公司的研究也出现了新进展。近年来的国内外研究侧重于国有投资公司的产权改革、功能定位以及治理结构改革等问题，对于国有投资公司市场化运营方面的研究较少。而从实际情况来看，国有投资公司的市场化运营是其核心问题，另外，国内外学者普遍忽视了政府职能转变对国有投资公司运营改革的影响，而从转轨国家的历史发展来看，转变政府职能对国有投资公司市场化运营具有举足轻重的影响。2014 年 10 月 28 日发布的《中共中央关于全面推进依法治国若干重大问题的决定》指出："完善行政组织和行政程序法律制度，推进机构、职能、权限、程序、责任法定化。行政机关要坚持法定职责必须为、法无授权不可为，勇于负责、敢于担当，坚决纠正不作为、乱作为，坚决克服懒政、怠政，坚决惩处失职、渎职。"① 由此可见，政府职能转变不到位，国有投资公司只能成为政府的附庸，委托代理问题依然难以得到有效解决，运营成本高，国有投资公司无法真正成为市场主体，投资效率也会低下，而这些与国有投资公司市场化运营改革是背道而驰的。

---

① 新华社. 中共中央关于全面推进依法治国若干重大问题的决定 [EB/OL]. [2014 – 10 – 28]. 新华网，http: //news. xinhuanet. com/politics/2014 – 10/28/c_1113015330 _3. html.

一、政府机构重组，划清政府边界，促使国有投资公司回归市场

党的十八届三中全会之后，政府简政放权步伐不断加快，从中央到地方行政审批权限逐级下放，取得了明显成效。但是，笔者认为仅仅做好审批权限下放只是政府转变职能的第一步，更何况目前大部分权限下放还只是政府权限的"外围"，而更艰巨的任务是政府机构的精简，真正实现"小政府，大社会"的社会治理架构。笔者认为在政府简政放权过程中，国有投资公司市场化运营改革可以从以下几方面着手。

1. 落实政府权力清单制度，划清政府边界，约束"有形之手"

从前文分析可知，国有投资公司在日常运营中政府行政干预过多，导致公司运营难以市场化。目前政府大力推进的权力清单管理制度关键在于得到有效落实，各级政府并非仅仅公示权力清单就"万事大吉"，政府要在社会中加大宣传，积极吸引各方参与监督，更不能"边放边增"，搞改头换面的权力游戏。因此，笔者认为一方面微观上要加大落实权力清单制度，另一方面更为重要的是在宏观上划清政府边界。发挥市场对资源配置的决定性作用的关键在于政府职能的转变，厘清"政府"与"市场"的关系，约束"有形之手"不随意伸、不胡乱伸、不到处伸。

2. 推进政府机构重组，完善国有资本管理体制

事实证明，运行良好的行政机构是重振政府活力的关键。因为，运行良好的行政机构不仅可以提供正确的政策指导，还能以最小的代价提供关键性公共物品和服务。[①] 随着国有经济改革的不断深入，尤其是党的十八届三中全会提出混合所有制改革方向

---

① 李怡，赵泉. 区域经济发展与地方政府职能定位及其能力提升 [J]. 理论探索，2008（3）：116 – 119.

和由"管资产"逐步向"管资本"过渡，国有资本管理体制也需要与时俱进。因此，要在政府转变职能的过程中积极实施政府机构重组，整合部门权力结构，避免交叉管理、多头管理和管理盲区，逐步完善国有资本管理体制。

3. 重塑国有投资公司的企业属性，促进其回归市场

国有企业的企业属性不容忽视，企业作为一个经济体时刻以追求利润最大化为目标，它的本质不会因为所有制的不同而改变，国有资本运营的经济目标与国有企业的经济目标是一致的，都是保证实现经济效率，除非宏观制度扭曲了它的经济目标。① 在有效约束"有形之手"的基础上，政府应该着手重塑国有投资公司的企业属性，割除国有投资公司的政策性负担，在《中华人民共和国预算法》（简称《预算法》）出台后，政府应该做好历史债务清算，剥离国有投资公司的政府投融资职能，促使其回归市场，按照企业属性来运营国有投资公司，从而有利于国有投资公司逐步实现股权多元化，完善公司治理结构等市场化运营改革。

二、建设法治政府，依法治理国有投资公司

《中共中央关于全面推进依法治国若干重大问题的决定》中指出："社会主义市场经济本质上是法治经济。使市场在资源配置中起决定性作用和更好发挥政府作用，必须以保护产权、维护契约、统一市场、平等交换、公平竞争、有效监管为基本导向，完善社会主义市场经济法律制度。"② 由此可见，转变政府职能，

---

① 徐传谌，惠澎. 国有资本运营制度创新的动力与逻辑基础研究［J］. 经济纵横，2009（5）：30 – 32.
② 新华社. 中共中央关于全面推进依法治国若干重大问题的决定［EB/OL］.［2014 – 10 –28］. 新华网，http：//news. xinhuanet. com/politics/2014 – 10/28/c_ 1113015330 _2. htm.

加快建设法治政府将是政府改革的重要目标。因而在国有投资公司治理中必须贯彻法治精神。笔者认为当前最主要需从两方面入手。

1. 依法分类治理国有投资公司

要推进国有投资公司市场化运营首先要对国有投资公司进行分类改革。当前国有投资公司承担的职能过多过杂，尤其在地方许多国有投资公司承担了政府的融资平台职能，导致公司政策性负担过多，公司经营难以市场化。笔者认为当前政府应该以转变职能为契机，依法对国有投资公司进行分类治理，主要可以分为两大类别：一是公益性国有投资公司；二是商业性国有投资公司。公益性国有投资公司主要投资一些涉及民生的公益项目。政府可以通过"特许经营权""政府购买""公私合作"等市场化方式支持投资公司；而对于商业性的国有投资公司则应该通过法律形式赋予其权责，完全与政府脱钩，实行市场化运营，政府则主要依法实施监管，履行委托人的职责。

2. 依法确立国有投资公司战略目标

如前文所述，当前国有投资公司战略目标"政绩化""短期化"和"模糊化"，最主要的问题在于国有投资公司战略目标缺乏硬约束，尤其是法律制度约束。因此，在对国有投资公司合理分类定位基础上，我们要依据不同类别的公司性质，一方面依照当前《公司法》《预算法》等法律对国有投资公司的经营范围、经营预算等公司基本业务给予规定；另外一方面笔者认为要尽快制定颁布国有投资公司运营法等相关法律法规，尤其对不同类别性质的国有投资公司战略目标予以规定，从而利于国有投资公司依法经营。"法无禁止即可行"，提高国有资本的投资效益和效率，也有利于政府依法监管，用法律规章划定政府与市场关系，从而真正发挥市场机制作用。

三、灵活运用政策工具，加强对国有投资公司市场化运营的监管

随着我国市场经济体制的不断深入发展，政府对微观经济活动的干预必须予以遏制，尤其要坚决削除行政垄断，使政府职能从"越位""错位"转为"归位"和"补位"。从转型国家发展经验来看，政府仅仅做"守夜人"是难以迅速促进国家发展的，政府还要积极对国民经济进行宏观调控。另外，政府还必须逐步摆脱对行政手段的依赖，防止出现"离开审批不会监管"的现象，学会运用市场化的政策工具履行监管职责，做到"该出手时就出手"。因此，对于国有投资公司市场化运营，政府应积极履行责任清单制度，加强运营监管，着力从以下两方面努力。

1. 加强市场化政策工具运用，变直接行政干预为间接政策约束

对于政府与市场的关系如何界定？市场的资源配置决定性作用如何发挥？关键要看政府宏观调控和微观干预经济活动的能力和手段的运用。政府简政放权，转变职能并非是对市场听之任之。政府的责任清单制度也必须得到落实。政府"懒政"会导致交易成本激增，也会对市场和企业发展形成阻碍。市场经济下的政府应该尽量减少直接行政干预，大力进行制度创新，提高政策工具的运用能力。尤其对于国有投资公司来说，投资市场不仅有国内也有国外，投资业务也可能涵盖各类性质的企业，因此，政府要逐步提高对财政政策、货币政策、外汇政策、产权政策、社会资本利用政策等政策工具的认识，以及落实负面清单制度，从而形成一个网络化的公共政策监管体系，变直接行政干预为间接政策约束。

2. 加强对国有投资公司市场化运营的全过程监管，建立信息通报和运营预警制度

由于国有投资公司的产权属性，政府对其监管可谓"天经地义"，但是当前政府要么日常行政干预过多，要么只注重其最终业绩监管，反而在关键点和关键领域对国有投资公司监管常常出现"失效""疲软"和"缺位"。因此，笔者建议逐步建立国有投资公司运营的全过程监管机制，尤其对于投资公司重大投资项目以及一些核心业务数据要实施动态的过程监管，而不能"坐等"国有投资公司上报财务数据，从而提高监管效率，有效避免当年中国航空油料集团有限公司新加坡公司违规投资以及近年来国有资本海外盲目投资亏损严重的事件重发。另外，政府还要建立和完善信息通报与预警制度，对于国有投资公司的相关投资活动应该及时通报相关利益方。政府应该做好相关投资信息服务，并对国有投资公司的投资活动建立实时预警制度，从而降低投资风险，提高投资效率。

四、激发政府制度创新，破除国有投资公司市场化运营的体制瓶颈

政府职能的转变涉及组织重构、人员调配、权力重组等一系列政府资源的重新配置，而这一过程在转轨国家将会复杂而多变，这就要求政府本身必须大力制度创新，构建新的制度结构。笔者认为促进国有投资公司市场化运营改革制度创新，应该把以下两方面作为着力点。

1. 激发政府制度创新，推进转变政府职能

后凯恩斯学派转轨理论中，市场被视为一套社会制度，在改革之初需要建设正式的法律体系，而在整个改革过程中都应建立健全其他非正式制度，从而为解决市场失灵提供方法，为转轨国

家市场体系的构建和市场化进程的开展提供前提和基础。① 由此可见，政府的制度创新是转轨实践的必要前提，而推进政府职能转变的过程本身也伴随着一系列制度创新，没有制度创新，政府职能转变难以根本实现。过去几轮政府改革陷入"精简—膨胀—再精简"的怪圈，很大程度上就是由于在旧的制度结构下实施改革，常常形成路径依赖。因此，当前各级政府必须要有"壮士断腕"的气魄，从自身做起，勇于改革探索，积极转变政府职能，激发政府制度创新动力，打破旧的制度结构，构建符合市场经济的制度框架体系。

2. 吸收体制内外一切有益经验，着力打破国有投资公司市场化运营的体制瓶颈

国有投资公司的出现和发展，确实为其他类型的国有企业实行现代企业制度创造了必要的条件，但遗憾的是，它的自身体制却与现代企业制度拉开了距离。② 国有投资公司的委托人缺位、政企不分、产权不清晰以及治理结构不合理等体制问题根深蒂固，但是这些问题也并非我国国有投资公司独有，其他国家国有投资公司也存在类似问题，而且有些国家国有投资公司治理的成功经验是值得我们借鉴的，比如，新加坡的淡马锡模式、英国的"金股制"等。另外，我国民营企业的治理创新也是值得我们学习的。比如，阿里的合伙人制度有效地使马云及其合伙人在不控股的情况下掌握了企业控制权。总之，国有投资公司在市场化运营改革中应该勇于吸收体制内外一切有益的经验，着力打破体制

---

① 张凤林等. 后凯恩斯经济学新进展追踪评析 [M]. 北京：商务印书馆，2013：397.

② 关海霞. 浅议国有投资公司的体制缺憾 [J]. 中国党政干部论坛，2008（8）：29 – 30.

瓶颈，促使其成为真正的现代企业。①

第五节　把激发企业家精神与促进新时代
国有企业治理创新相统一

改革开放 40 多年来，国有企业的迅猛发展一是离不开国有企业家，二是离不开企业家精神的发挥。中国国有企业的实践证明，在不完全竞争性的条件下，国有企业家精神也是可以发挥的。但是在新时代为了进一步深化国有企业改革，提升国有企业国际竞争力，我们需要规制不完全竞争性，进一步激发和保护国有企业家精神，笔者认为今后应该从以下几方面着手推进改革。

一、构建可竞争市场，激发和保护新时代创新型国有企业家精神

如前文所述，国有企业的产权性质决定了其具有天然的不完全竞争性，但是通过不断深化国有企业改革，一方面减轻国有企业政策性负担，一方面引入竞争，国有企业的经济绩效也得到了极大的提升。今后要进一步规制不完全竞争性，引导国有企业家精神从寻租型向创新型转变，主要从以下几方面着手。

1. 秉持"竞争中性"原则，构建可竞争市场，促进国有企业与非公企业竞合发展

国有企业的不完全竞争性是客观存在的，与政府的特殊关系是其产生根源之一，而要激发企业家精神就必须切断其寻租、护租的利益链。因此，从政府角度应该推进这两方面工作：

（1）秉持"竞争中性"原则，构建可竞争市场。政府应该

---

① 邹俊. 转变政府职能对国有投资公司市场化运营改革的影响效应分析 [J]. 内蒙古社会科学，2015（6）：111－116.

站在维护市场公平公正竞争的高度上，秉持"竞争中性"原则，构建可竞争市场。一方面，要继续打破行政壁垒。行政壁垒是国有企业不完全竞争性的重要来源，也弱化了国有企业家创新型企业家精神的激发。因此，要继续打破行政壁垒，给予各种所有制性质企业平等的市场机会，构建可竞争市场，通过新进入者带来的压力，激发国有企业家通过不断创新提高企业核心竞争力；另一方面要进行保护竞争的微观制度设计。虽然我国《公司法》《反垄断法》等法律制度对促进市场竞争做出了一系列规定，但是为了促进市场竞争必须要关注微观的要素竞争，只有生产要素充分竞争才能激发市场活力。因此，今后政府要花大力气着眼于保护竞争的微观制度设计。比如，通过制度约束国有企业家"双重俘获"的动机，使其无处施展这一策略；另外，在财政补贴以及资本市场上政府要通过制度设计促使相关主体秉持"竞争中性"对不同性质企业一视同仁，不搞区别化差异化待遇。

（2）促进国有企业与非公企业竞合发展。在中国特色社会主义进入新时代的背景下，国有企业与非公企业在市场竞争中不是零和博弈，也并非在不同时期盛行的所谓"国进民退"抑或"国退民进"，而是在秉持"竞争中性"的原则下，积极引导和促进国有企业与非公企业竞合发展。未来在很多领域需要国有企业与非公企业竞争合作来推动中国经济高质量发展，如绿色新兴产业的发展，新型城镇化建设，产业转型升级，产业共性技术协同创新，等等。促进不同性质企业竞争与合作需要国有企业家的创新精神。通过竞争与合作促进不同性质企业的企业家之间思想交流，相互学习，有利于规制国有企业不完全竞争性，激发国有企业家的创新精神。

2. 构建国有企业经理人市场，激发和保护国有企业家不断成长

一个国家只要有一个以成熟的企业家群为核心的经济发展机

制，就能在全球范围内吸收组织各种生产要素，以获得最大的经济效率。① 企业家群的发展依赖于完善的经理人市场，如前文所述，国有企业经理人市场具有不完全竞争性，导致我国国有企业经理人市场在市场环境、市场主体和市场机制建设上比较滞后。我国国有企业家成长典型表现为体制内培养，经理人也仅仅在国有企业间流动，长此以往容易形成国有企业家之间利益纠葛复杂，遏制了企业家精神的激发和保护。笔者认为下一步应该从这两方面着手推进国有企业经理人市场的构建：

（1）政府搭建国有企业与职业经理人的交流平台，吸引优秀职业经理人进入国有企业。为打破国有企业家培育和成长较为封闭的体制环境，规制不完全竞争性，政府需要通过一定措施引入新鲜血液，尤其是体制外的职业经理人。政府应积极搭建交流平台，如，各种企业家论坛、行业协会、经理人管理协会等组织机构，一方面可以促使优秀职业经理人对加深对国有企业的认识和理解，明白国有企业的经营管理的制度体系与其他企业有一定的区别，通过交流消除对国有企业的误解，进而进入国有企业，增强国有企业经理人市场的人力资本；另一方面，优秀的外部职业经理人经历丰富的市场磨炼，可以带来新的管理思维和理念，促进国有企业经理人之间的才能竞争，从而有利于激发国有企业家的创新精神。

（2）完善国有企业经理人信息披露制度，利用市场增强对经理人的激励约束。信息不对称是国有企业经理人市场不完善的重要原因之一。有的国有企业经理人职业道德欠缺，有的经理人能力欠缺滥竽充数却稳居要职，主要是因为我国没有完备的国有企业经理人信息披露制度。因此，政府应逐步完善国有企业经理

---

① 张维迎，盛斌. 企业家：经济增长的国王 ［M］. 上海：上海人民出版社，2014：60.

人信息库，建立国有企业经理人业绩信息披露制度，定时定期披露经理人在经营管理中的创新举措和业绩等，构建国有企业经理人的声誉机制。如果这种博弈是重复的、连续的，那么经理人就不会为了占一次便宜而损失继续合作、长期获利的机会，从而有效地利用市场机制来增强对经理人的激励约束，激发和保护国有企业家的"成功需要"①，从促进国有企业家不断成长。

3. 降低国有企业垄断利润预期，激发和保护新时代创新型国有企业家精神

鲍莫尔等人（Baumol, Panzar & Willing）在《可竞争市场和产业结构理论》一书中指出，即使在规模经济下，只要企业能够竞争性地进入，少数几家公司也可能存在完全可竞争均衡。由此可见，构建可竞争市场不仅可以促进市场回归均衡，也可以逐步消除垄断利润产生的根基，促进企业家不断创新，迎接和预防新的竞争者的挑战，笔者认为针对国有企业我们需要做好以下几点：

（1）建立和完善产业投资负面清单制度，鼓励各类资本公平竞争共同发展。要构建可竞争市场，首先要给予市场可信承诺，创造公平竞争的环境。虽然随着混合所有制改革的推进，在很多过去国有垄断的行业逐步放松管制，但是依然行政色彩浓厚，需要行政审批等环节，有的还存在隐性限制，即所谓"玻璃门"现象，导致承诺不可信，外资、民资真正进入依然较难。因此，我们需要加快建立和完善产业投资负面清单制度，给予市场明确的信号，也约束各级政府的行政干预行为，从而鼓励各类资本公平竞争共同发展。比如，2019 年 6 月 30 日，国家发展改

---

① McClelland 通过对企业家精神的一项心理实验研究，发现企业家受到"成功需要"的驱动，而不是金钱欲望的驱动。

革委、商务部发布《鼓励外商投资产业目录（2019年版）》，目录较大幅度增加鼓励外商投资领域，支持外资更多投向高端制造、智能制造、绿色制造等领域。属于《鼓励外商投资产业目录（2019年版）》的外商投资项目，可以依照法律、行政法规或者国务院的规定享受税收、土地等优惠待遇。①

（2）依法惩处垄断行为，降低国有企业垄断利润预期。随着我国《反垄断法》等法律规章制度的颁布和完善，我国的反垄断的重点落在如何执行。依法惩处垄断行为对构建可竞争市场具有重要的促进意义。当前，相关部门在进行反垄断调查过程中，要对各类企业一视同仁，对于国有企业的垄断行为理应依法惩处。比如，2015年多家省一级工商部门对辖区内的电信市场开展多次反垄断调查，涉及中国移动、中国电信、中国联通、中国铁通等多家国内电信行业巨头，涉及宽带业务搭售固定电话、月底流量清零、限制用户选择套餐内服务项目等行为。② 虽然国有企业在国民经济中具有特殊地位，但是通过对国有企业反垄断执法，一方面向市场发出公平竞争的信号——任何性质的企业都没有实施垄断行为的特权；另一方面，坚决反垄断执法可以规制国有企业的合谋串谋等价格垄断行为，有效降低国有企业的垄断利润预期，从而激发国有企业家的创新精神。

二、转变政府职能，建立健全激发保护新时代国有企业家精神的制度环境

对一个国家的市场经济发展以及它的企业家的成长来说，是

---

① 新华网.《鼓励外商投资产业目录（2019年版）》发布较大幅度增加鼓励外商投资领域［EB/OL］.［2019－06－30］. http：//www. xinhuanet. com/2019－06/30/c _1124690548. html.

② 姜丽勇. 2015年度中国反垄断十大事件［EB/OL］.［2016－03－02］. https：// www. huxiu. com/article/140503/1. html？f＝index_feed_article.

否有一个强有力的国家政权的保护和扶植是至关重要的。企业家依靠有力的国家政权为自己开辟前进的道路。① 由此可见，新时代国有企业家的成长及其企业家精神的激发离不开政府的支持，其中最为重要的莫过于营造良好的国有企业家成长的制度环境，笔者认为应从以下几方面推进。

1. 建立健全相关制度，营造良好的政商环境，保障市场信息公开透明

制度不仅对企业家成长有着重要影响，也改变和形塑着游戏规则，影响企业家的行为选择。如前文所述，国有企业不完全竞争性往往会诱使国有企业家热衷于搞好政府关系，甚至扶植自己的代理人进入政府部门，其关键原因就在于希冀获取更多的政策资源，攫取和维护不完全竞争中的优势地位。因此，从激发国有企业家精神角度来看，笔者认为关键要做好两点：

（1）建立健全相关制度，营造良好的政商环境。按照"竞争中性"的原则，建立健全相关制度，在市场竞争中给予国有企业与非公企业"同等待遇"，打破各种行政壁垒，变"玻璃门"为"旋转门"，保障各类企业在市场竞争中可以自由进入和退出。这就要求：一方面，通过制度建设，约束政府对国有企业的"偏爱"行为，规制不完全竞争性，通过公平竞争激发国有企业家的创新精神；另一方面，加大制度创新，约束政府干预市场竞争的行为。在市场机制能发挥作用的领域，通过制度创新约束政府"有形之手"不能也不敢随意干预，并逐步建立"干预必负责，违规必追求"的追责机制，从而营造良好的政商环境。

（2）进一步完善新时代社会主义市场经济制度，保障市场

---

① 张维迎，盛斌. 企业家：经济增长的国王［M］. 上海：上海人民出版社，2014：201.

信息公开透明。改革开放 40 多年来,我国社会主义市场经济制度基本确立,但是在一些领域仍然实行"双轨制",强政府色彩依然较浓。因此,在新时代我们需要进一步完善社会主义市场经济制度。一方面,在政府管制或"双轨制"领域,在制度完善的前提下逐步进行市场化改革,即使不能完全市场化的领域,也要逐步加大信息公开力度,对决策的制定、执行和效果进行全面公开;另一方面,逐步完善国有资本投资运营的信息公开制度,让国有企业的经营状况为公众所知。通过保障市场信息公开透明,规制国有企业不完全竞争性,倒逼国有企业家积极创新公司治理,激发企业家精神发挥。

2. 转变政府职能,构建完备的激发保护新时代国有企业家精神的制度环境

企业发展的制度环境塑造,不仅是政府的重要职能,也是企业家成长和激发企业家精神的重要保障。如前文所述,国有企业不完全竞争性很大程度上与政府的行政干预有关,国有企业既有国资背景,又有政府"靠山",往往对不完全竞争的利用形成路径依赖。因此,加快转变政府职能,优化国有企业家成长的制度环境要着重做好以下两点:

(1)转变政府职能,落实国有企业监管负面清单制度。转变政府职能,一方面要求变直接干预国有企业经营管理为做好服务保障,另一方面政府相关部门也要积极履行出资人职责进行必要的监管。当前,我们要加快实施国有企业监管的负面清单制度,明确政府的监管责任和义务,约束政府的随意干预行为,这使得国有企业家获得更多、更自由的经营管理权,可以更大胆地开展经营创新活动。但是,新时代对政府的监管水平也提出了更高的要求,而不是过去简单的项目审批、请示批复等官僚制行政管理。政府要逐步提高对财政政策、货币政策、外汇政策、产权

政策、社会资本利用政策等政策工具的认识，落实负面清单制度，从而形成一个网络化的公共政策监管体系，变直接行政干预为间接政策约束。①

（2）转变政府职能，构建完备的新时代激发保护国有企业家精神的制度环境。企业家的成长是一个漫长的过程，企业家精神既不可能与生俱来，也不可能一蹴而就，这需要有良好的制度环境来培育和激发。而在国有企业家成长和培育方面，政府具有不可推卸的责任。因此，积极转变政府职能，建立健全企业家培育的相关政治法律制度，把对国有企业经理人的管理转变为对人才的培育和扶持。国有企业家是特殊的人才，我们需要完备地考虑国有企业家的不同层次的需求，如国有企业家的声望需求、政治晋升、薪酬待遇、股权激励、风险保护、退休待遇等，并在全社会弘扬和构建敢于挑战勇于创新的社会文化制度，逐步构建完备的新时代激发保护国有企业家精神的制度环境。

综上所述，国有企业的改革发展离不开国有企业家精神的发挥。改革开放以来，中国国有企业的实践证明了在不完全竞争条件下，国有企业家精神也是可以发挥的。然而在新时代，为了进一步深化国有企业改革、提升国有企业的国际竞争力，政府需要进一步激发和保护国有企业家精神。我们发现，有效规制不完全竞争性，对激发和保护国有企业家精神具有重要作用。在未来深化国有企业的改革中，政府应着手从构建可竞争市场、积极推进混合所有制改革、创新多元治理机制、规制内部组织的不完全竞争性、放管结合并建立容错纠错机制等方面来大力激发国有企业家精神。面临百年未有之大变局，国有企业作为国民经济发展的

① 邹俊. 转变政府职能与国有投资公司市场化运营改革的影响效应分析 [J]. 内蒙古社会科学，2015（6）：111－116.

中坚力量，要正确客观地认识国有企业的不完全竞争性，发挥企业家在资源配置和创新中不可替代的作用。①

第六节　稳步推进国有企业经理队伍职业化发展

据历史记载，职业经理人起源于美国。1841 年，美国马萨诸塞州境内发生了两列客车相撞的事故，这促使美国人民意识到铁路企业业主在管理能力上的薄弱，需要选择具有优秀管理才能的人来治理这种现代企业，因此，世界上第一个经理人就诞生了。随着世界经济和现代企业理论的发展，在企业所有权与经营权不断地分离的背景下，作为现代企业管理层的核心，职业经理人已经成为引人注目的群体，他们用自身的决策、管理和创新能力激活了企业的活力，成为世界经济不断发展的内在动力。

国有企业作为国民经济的骨干力量，其转型发展是中国经济转型升级的重要组成部分。职业经理人作为企业管理层的核心，在公司治理问题中发挥着重要的功能。在当前国有企业混合所有制改革背景下，国有企业经理队伍的职业化与经济社会发展和国有企业改革发展实践的动态变化密切相关。因此，推进国有企业经理队伍职业化建设，创新国有企业公司治理，是深化国有企业改革中的重点之一。笔者认为今后应稳步推进国有企业经理队伍职业化发展，应着重从以下几方面推进。

一、推进国有企业职业经理人选聘市场化和规范化

随着社会和经济的发展，企业之间的竞争越来越激烈，人才

---

① 邹俊，张芳. 不完全竞争条件下如何激发新时代国有企业家精神［J］. 重庆科技学院学报（社会科学版），2022（2）：57－64.

竞争逐渐成为企业竞争的主流。因此，选聘具有高技能、高能力的专门从事管理工作的职业经理人来经营和管理公司越发重要。企业高层管理人员的选拔和考核被认为是影响企业通过人力资源管理获得竞争优势的重要途径。① 因此，需要从两方面着手推进国有企业职业经理人队伍建设。

1. 推进国有企业职业经理人选聘市场化

近年来，我国国有企业都不同程度上进行了职业经理人选聘的试点，为企业的发展提供了强有力的支持。国企职业经理人的设立有助于国企管理团队职业化，使其更加适应市场竞争，适应混合所有制企业的治理制度。但总体而言，国企的公开招聘力度较弱。目前，公开招聘的职业经理人人数占国企经营管理者总人数的比重仍很低，招聘职位类别也以副总经理和部门负责人为主。对于企业负责人这一关键的职位，依然采取的是内部选拔制度。因此，在推进市场化的选聘机制时需要循序渐进，有层次、有类别地开展。针对与企业发展和命运密切相关的关键岗位，可尝试和推广市场化招聘。在招聘方式上，亦可以多元化，可采用内部竞聘和外部招聘相结合的方式。另外，国企在人才选拔机制中，一般由国务院国资委代表央企，地方性国资委代表地方性国企进行社会公开招聘，这种招聘形式需要市场化改革。由国资委代表企业去进行招聘，其对企业所招聘的职位对人才实际的要求是否能够清晰地认知，或者说认知的程度有多深便很难确定，增加了招聘人才的不确定性。国企要想做强做大，保持竞争力，就必须为企业所需的岗位招聘合适的人才，充分地发挥人才的潜能和优势，针对不同的招聘岗位，结合其特征，制定出能够有效地

---

① 赵曙明，杜娟. 企业经营者胜任力及测评理论研究 [J]. 外国经济与管理，2007 (1)：33 – 40.

选聘的标准体系。国企在招聘职业经理人的过程中，不仅要对职业经理人的知识能力进行考核，更要对职业经理人的道德修养、职业素养、忠诚度、经验评价、决策能力等核心专长和能力进行综合的考察，从而选出合适的职业经理人。人才的核心专长和能力，即"胜任力"。胜任力最早是由美国著名心理学家 McClelland 提出的，是直接影响工作业绩的个人条件和行为特征，是指能将某一工作中卓越成就者与普通者区分开来的个人的深层次特征。① 企业经理人胜任力测评受到国内外学者、企业界及政府管理部门的广泛关注。国有企业在招聘选拔的过程中，需将岗位胜任力清晰地制定出来，融合岗位所需的胜任力，制定出合理有效的选聘标准，而且各地国资委也可以聘用专业公司来进行评测，为招聘工作提供相关指导。

2. 完善国有企业职业经理人的经营业绩评价体系

当前国有企业普遍采用了会计业绩指标来评价国企负责人的业绩，且对于其他高层管理人员，没有建立针对不同岗位，具备不同特征的标准的业绩评价体系。因此针对这些中高层管理人员，亟须建立以业绩、胜任力和企业竞争力为核心的绩效评价体系。首先，要想让国有企业管理层更好地发挥自我潜能和工作动力，仍需要不断地完善现有的业绩评价体系，建立更加科学合理的业绩评价体系，来促使企业经理人更努力地工作。在实践过程中，国有企业职业经理人评价体系得到不断发展和完善，其中依然存在着问题和不足。会计业绩评价体系在反映经理人的工作努力程度和经营能力方面会有滞后性、片面性。它可能间接导致企业短期经营业绩的爆发增长，但不具有延续性，甚至带来潜在隐

---

① 徐峰. 人力资源绩效管理体系构建：胜任力模型视角 [J]. 企业经济，2012（1）：68 – 71.

患。相关人员针对不同类型企业，改进了企业负责人的业绩评价体系，提出了分类考核指标（辅助指标），制定了不同类型企业的考核重点。加强了业绩评价体系与企业特殊的实际情况的融合，但仍有不足。本书认为应该细致调查分析不同类型的国有企业的实际情况，构建各行业国有企业负责人的胜任力模型，并将其应用到绩效考核中，结合行业的具体情况和岗位特征，整合对国有企业负责人的具体要求，来更加合理科学地设计考核系统，调动经理人的工作积极性，提高其工作质量和效率。其次，一个企业能否够保持长远持续地保持蓬勃的发展势头，不全因为其营业收入的多寡，更在于其产品、企业文化等竞争力的强弱。现有业绩评价体系对促进经理人注重企业长期发展的作用薄弱。经理人为了获得利益，很容易产生短视行为，过分追求企业短期经营业绩的上升，忽视了企业核心竞争力的提升。我们要注重在评价体系中构建对企业长远发展的考核。中国国有企业要想走出国门，做大做强，就必须要提升自己的产品、技术、文化等竞争力。只有拥有强大的竞争力，企业才能实现长远的发展。要想经理人真正地注重企业的长期发展，就必须要建立基于循环经济和企业社会责任的评价指标体系，并将其真正地纳入业绩评价体系，使其发挥作用。建立基于循环经济的企业竞争力评价，有助于建设节约型、创新型企业，实现企业竞争力来源的转变。[1] 要在国有企业的业绩评价中加入对于企业竞争力指标的考核，让其成为重要的一部分。要建立完备系统的企业竞争力评价体系，就要考虑到其系统性、动态性、导向性、可测性的特点。制定中应全面考虑企业资源、技术、文化、管理、经济、社会责任等情况。

---

[1] 杨华峰. 基于循环经济的企业竞争力评价指标体系 [J]. 系统工程, 2006 (11): 79 - 84.

二、完善国有企业职业经理人的激励约束机制

职业经理人是一种通过出卖自身的人力资本来获取报酬的高级人才。企业要想其尽心尽力地工作和发挥自身的潜能，最有效的激励方式便是物质奖励。国内学者将对职业经理人的激励分为显性激励和隐性激励两种。各种激励方式的作用都有各自的优缺点。在股东和经理人的委托代理关系下，如何设计最佳的经理人报酬激励制度成为关键。当前我国国有企业采用的激励制度主要有基本工资、绩效收入、职务消费、股票期权、期股期权、精神激励、政治晋升等。现有的各种不同的激励约束机制在促进国有企业经理人更努力地工作方面都有各自的优势和不足。因此，笔者认为未来要完善国有企业职业经理人的激励约束机制必须做到两方面突破。

1. 加大长期激励的促进作用，合理推进经理期权计划

在我国企业中，尤其是在国有企业里，长期以来缺乏一种激发经营者积极性和创造性的有效利益驱动机制，这不仅很大程度上阻碍了经理人的成长和队伍发展，也会抑制国有企业的发展与壮大。[①] 从信息经济学理论研究出发，在企业与经理人之间信息不对称的情况下，要消除道德风险，必须提供足够的激励。要想减少经理人的机会主义行为和道德风险，就必须制定恰当的报酬制度。目前，国有企业给予职业经理人的报酬主要是基本年薪 + 绩效年薪的方式。而基本年薪和绩效年薪一般由当期的企业业绩来确定，是一种短期的激励方式。长期以来，国有企业注重对职业经理人采用短期激励的方式，但忽视了对经理人进行中长期激

[①]　吴元波. 论职业经理人的报酬激励制度 ［J］. 北京工业大学学报（社会科学版），2004（2）：9 – 14.

励。与短期激励相比，长期激励机制更能激发职业经理人产生长期努力的动机，关注企业的长期发展，自觉为企业的长期持续发展效力。针对这种情况，美国在 20 世纪七八十年代创新推出经理股票期权计划（ESO）来取代传统的工资、奖金和福利等薪酬形式。标准的 ESO 授予 CEO（首席执行官）为首的高级管理阶层权利，使之能在今后十年内按授予期权时的市场价格购买本公司股票。① 从而实现管理层的个人收益和股东的利益相统一，使股东价值成为管理层的决策行为标准。该计划的实行不仅促使企业管理层更加注重股东价值和公司长远发展，也降低了直接激励成本。当然，ESO 在实践中也产生了一些负面效应，如虚夸公司利润、助长股市泡沫和激化利益相关者的矛盾等。然而，其对改善公司治理起到的积极推动作用却不能忽视。ESO 的实行需要具备一系列的前提条件：成熟的市场经济体系和现代规范的公司治理机制。对我国国有企业经理人实行股权激励，也存在以下难题，如与西方国家相对完善、有效资本市场不同，中国股票市场的效率低下，易受到市场操纵，投机性严重，导致中国股市的高同步性、高波动性和高换手率，从而导致企业的股票价格信息并不能很好地反映公司基本面信息，使得股票收益率并不能很好地反映 CEO 的努力程度;② 由于中国股市易受市场操作，为了获利，企业经理人可能与证券机构共同炒作公司的股票价格，损害中国股市的稳定和企业的长期发展。因此，在推行 ESO 时，需要全面考虑，合理逐步地推进，也需要在体制和制度上进行创新和改善，更需要深入考虑其可能带来的一些弊端，做好相应的

---

① 施东辉. 经理期权计划在美国公司的兴起和影响［J］. 世界经济, 2000（7）: 63 – 67.

② 姜付秀，朱冰，王运通. 国有企业的经理激励契约更不看重绩效吗?［J］. 管理世界, 2014（9）: 143 – 159.

防范和监督措施。

2. 不断完善国有企业职业经理人约束机制

根据信息经济学理论，企业与经理的关系是委托人与代理人的博弈关系，由于双方存在着信息不对称性，经理人为了获取自我利益，往往会利用自己在信息上的优势，进行机会主义行为。因此，对于企业经理人的行为进行约束与监督是必不可少的。首先，加快构建统一的经理人才信息库，不断完善市场化约束机制。目前，国有企业主要采取以"管资本"为核心的管理办法。要想让我国的能够拥有完善的职业经理人市场，还应该从市场规范的角度上、从"声誉"上约束经理人。从博弈论的角度分析，企业和经理人之间之所以出现不信任的状况，缺乏重复博弈的机会是很重要的原因。如果双方的博弈是重复地、连续地进行的，那么双方都不会为了占一次便宜而损失继续合作、长期获利的机会。① 因此，针对国有企业经理人员，可以构建统一公开的经理人才信息库，将其工作经历、能力水平以及个人信用等信息都输入信息库，并且通过网络、新闻媒体的方式来加强市场的信息传输速度与效用，从而让市场来对企业经理人进行道德约束，增大其道德风险成本，促使其进行自我约束。其次，加大相关国企经理队伍职业化的制度创新。我们既要打破国有企业经理人职位的"双重身份"，积极引入外部职业经理人，构建"能者上，庸者下"的职业经理人制度，从而使国有企业职业经理人注重自己的声誉，以免未来的就业和收入受到影响；同时，我们要注重保障职业经理人的合法权益不受损害，这也是国企职业经理人建设中的重点。目前我国尚未有完善健全的法律和政策来维护职业经

---

① 罗珊. 规范我国职业经理人的市场的博弈思考 ［J］. 求索，2005（6）：102 - 104.

理人的自身合法权益。因此，我国需要不断完善企业法，确立职业经理人在公司的地位及规范。同时，要出台完善的经理人管理法规体系，加大经理人出现道德风险行为的惩治力度。我们需要一套规范职业经理人市场运作的法律法规，使当职业经理人市场中当事人发生纠纷时，有章可循、有法可依，直接约束公司与职业经理人的经营行为，对其在经营过程中出现的违法行为进行制裁。① 同时，要使国有企业经营效率得到提高、资产流失得到解决，也必须要改革我国现有的公有资产管理体制，解决国有企业的公有产权所有者缺位问题，从而形成对代理者（包括政府）的有效监管与激励。②

---

① 陈华，赵俊燕. 基于企业绩效的职业经理激励制度研究——从唐骏"转会事件"说起 [J]. 经济体制改革，2008（5）：70 – 74.
② 葛杨生，邹俊. 安徽省国有企业经理队伍职业化发展问题研究 [J]. 宿州学院学报，2016（6）：19 – 23.

参考文献

[1] Barnard, Chester, *The Functions of Executive*, Cambridge: MA: Harvard University Press.

[2] Katz, D; R. L. Kahn, *The Social Psychology of Organizations*, New York: John Wiley&Sons, Inc. , 1966.

[3] Kreps, David M, *Corporate culture and economic theory*, Cambridge: UK: Cambridge University Press, 1990, pp. 90 – 143.

[4] Arrow, K. J. , *Essays in Theory of Risk-Bearing*, Chicago: Markham, 1971.

[5] HOWLETT, MICHAEL, M. RAMESH, *Studying Public Policy: Policy Cycles and Policy Subsystems*, Oxford: Oxford University Press, 1995, pp. 80 – 98.

[6] Israel M. Kirzner, *Competition and entrepreneurship*, Chicago: University of Chicago Press, 1973.

[7] Freytag, A; Thurik, R, *Entrepreneurship and Culture*, Berlin: Springer-Verlag, 2010.

[8] Baumol, W. J, *Entrepreneurship, Management and the Structure of payoffs*, Cambridge: *Mass*: *MIT Press*, 1993.

[9] Oliver E. Williamson, *The Economic Institutions of Capitalism*, New York: Free Press, 1985, pp. 54 – 60.

［10］ Alchian A A；Demsetz H，*Production，Information Costs and Economic Organizations*，American Economic Review，Vol. 63，No. 5，1972，pp. 777 – 795.

［11］ Sanders，W. G. ，Carpenter M. A. *Internationalization and firm governance：The roles of CEO compensation，top team composition，and board structure*，Academy of management journal，No，41，1998，pp. 158 – 178.

［12］ BECHT M；BOLTON P；ROELL A，et al，*Corporate governance and control*，Hand book of The Economics of Finance，No. 21，2002，pp. 1 – 109.

［13］ Guo L；Smallman C；Radford J，*A critique of corporate governance in China*，International Journal of Law and Management，Vol. 55，No. 4，2013，pp. 634 – 641.

［14］ Jin-hui；Luo，Di，et al，*The private benefits of control in Chinese listed firms：Do cash flow rights always reduce controlling shareholders' tunneling?*，Asia Pacific journal of management：APJM，Vol. 29，No. 2，2012，pp. 499 – 518.

［15］ Kakabadse N K；Yang H；Sanders R. ，*The effectiveness of non-executive directors in Chinese state-owned enterprises*，Management Decision，Vol. 48，No. 7 – 8，2010，pp. 1063 – 1079.

［16］ James A Mirrlees，*The Optimal Structure of Incentives and Authority within an Organization*，The Bell Journal of Economics，Vol. 7，No. 1，1976，pp. 105 – 131.

［17］ Grossman，Hart，*An analysis of the Principal-Agent problem*，Econometrica，Vol. 51，No. 1，1983，pp. 7 – 45.

［18］ Michel C. Jensen；Kevin J. Murphy，*Performance pay and top-management incentives*，Journal of Political Economy，Vol. 98，

No. 2, 1990.

[19] Jensen M C; Murphy K J, *CEO incentives-its not how much you pay, but how*, Harv Bus Rev, Vol. 68, No. 3, 1990.

[20] Cheng Q; Warfield T D, *Equity Incentives and Earnings Management*, Accounting Review, Vol. 80, No. 2, 2005, pp. 441 –476.

[21] Bergstresser D; Philippon T, *CEO incentives and earnings management*, Journal of Financial Economics, No. 80, 2006, pp. 511 –529.

[22] Da Teng; Douglas B. Fuller; Chengchun Li, *Institutional change and corporate governance diversity in China's SOEs*, Asia Pacific Business Review, Vol. 24, No. 3, 2018, pp. 273 –293.

[23] Grossi, Giuseppe; Papenfuß, Ulf; Tremblay; Marie-Soleil, *Corporate governance and accountability of state-owned enterprises*, International Journal of Public Sector Management, Vol. 28, No. 4/5, 2015, pp. 274 –285.

[24] Wang, Jiangyu, *The Political Logic of Corporate Governance in China's State-Owned Enterprises*, Cornell international law journal, Vol. 47, No. 3, 2014, pp. 631 –669.

[25] Lu, Xuefeng, *Governance of Shanghai state-owned enterprises: Deficiencies and recommendations*, International Journal of Law and Management, Vol. 51, No. 3, 2009, pp. 169 –178.

[26] Sappideen; Razeen, *Corporate Governance With Chinese Characterics: The Case Of State Owned Enterprises*, Frontiers of Law in China, Vol. 12, No. 1, 2017, pp. 90 –113.

[27] Munawarah; Din, Muhammad; Zainuddin, Fatlina; Muharam, Harjum, *What Effects Do Privatisation Policies Have on Corporate Governance of State-Owned Enterprises?*, European Re-

search Studies, Vol. 20, No. 4A, 2017, pp. 124 – 132.

[28] Chen, Christopher, *Solving the Puzzle of Corporate Governance of State-Owned Enterprises: The Path of the Temasek Model in Singapore and Lessons for China*, Northwestern Journal of International Law & Business, Vol. 36, No. 2, 2016, pp. 303 – 370.

[29] Justin Yifu Lin; Fang Cai; Zhou Li, *Competition, Policy Burdens, and State-Owned Enterprise Reform*, The American Economic Review, Vol. 88, No. 2, 1998, pp. 422 – 427.

[30] Acs, Z. ; Varga, A, *Entrepreneurship, Agglomeration and Technological Change*, Small Business Economics, Vol. 24, No. 3, 2005, pp. 323 – 334.

[31] Lee, S. Y. ; Florida, R. ; Acs, Z. J, *Creativity and Entrepreneurship: A Regional Analysis of NewFirm Formation*, Regional Studies, Vol. 38, No. 8, 2004, pp. 879 – 892.

[32] Lu, J. Y. & Tao, Z. G. , "*Determinants of Entrepreneurial Activities in China*", Journal of Business Venturing, No. 25, 2010, pp. 261 – 273.

[33] M. W. Peng et al; *Theories of the (state-owned) firm*, Asia Pacific Journal of Management, Vol. 33, No. 2, 2016, pp. 293 – 317.

[34] John M. Litwack, *Discretionary Behavior and Soviet Economic Reform*, Soviet Studies, Vol. 43, No. 2, 1991, pp. 255 – 279.

[35] Yunhua Liu; *A Comparison of China's State-Owned Enterprises and Their Counterparts in the United States: Performance and Regulatory Policy*, Public Administration Review, Vol. 69, No. 9, 2009, pp. S46 – S52.

[36] Boulding, K. E, *The Economics of Knowledge and the Knowl-*

edge of Economics，American Economic Review，No. 58，1966，pp. 1 – 13.

[37] Harvey Leibenstein，*The Prisoners' Dilemma in the Invisible Hand*：*An Analysis of Intrafirm Productivity*，The American Economic Review，Vol. 72，No. 2，1982，pp. 92 – 97.

[38] M. W. Peng et al，*Theories of the（state-owned）firm*，Asia Pacific Journal of Management，Vol. 33，No. 2，2016，pp. 293 – 317.

[39] Philippe Aghion et al，*Competition and Innovation*：*An Inverted-U Relationship*，The Quarterly Journal of Economics，Vol. 120，No. 2，2005，pp. 701 – 728.

[40] Holmstrom，*On Incentives and Control in Organization*，Ph. D. dissertation，Stanford University，1977.

[41] ［美］道格拉斯·C. 诺思：《制度、制度变迁与经济绩效》，杭行译，上海格致出版社、上海人民出版社，2008。

[42] 卡尔·马克思：《资本论（下）》，朱登译，北京联合出版公司，2014。

[43] 金碚：《中国国有企业发展道路》，经济管理出版社，2013。

[44] 赵守日：《闯关：西方国有经济体制革命》，广东经济出版社，2000。

[45] 张维迎、盛斌：《企业家：经济增长的国王》，上海人民出版社，2014。

[46] ［美］奥利弗·E. 威廉姆森：《治理机制》，石烁译，机械工业出版社，2016。

[47] 刘汉民：《企业理论、公司治理与制度分析》，上海人民出版社，2007。

[48] ［美］奥利弗·E. 威廉姆森：《市场与层级制：分析与反

托拉斯含义》，蔡晓月、孟俭译，上海财经大学出版
社，2011。

[49] 陈雪频：《一本书读懂数字化转型》，机械工业出版社，2020。

[50] 仲继银：《董事会与公司治理》，企业管理出版社，2018。

[51] 周丽莎：《改制：国有企业构建现代企业制度研究》，中华
工商联合出版社，2019。

[52] ［美］丹尼斯·W·卡尔顿、杰弗里·M·佩洛夫：《现代
产业组织》，中国人民大学出版社，2009。

[53] 张维迎：《企业理论与中国企业改革》，上海人民出版
社，2014。

[54] 江苏省国资委课题组：《国企改革十大难题》，江苏人民出
版社，2016。

[55] ［美］威廉·鲍莫尔：《企业家精神》，孙智君等译，武汉
大学出版社，2010。

[56] 张凤林等：《后凯恩斯经济学新进展追踪评析》，商务印书
馆，2013。

[57] 邹俊：《中央企业战略重组及其国际竞争力提升研究》，经
济日报出版社，2015。

[58] 魏刚：《高级管理层激励与上市公司经营绩效》，《经济研
究》2000 年第 3 期。

[59] 李增泉：《激励机制与企业绩效——一项基于上市公司的
实证研究》，《会计研究》2000 年第 1 期。

[60] 张佳康：《中国国有企业公司治理制度变迁》，《学习与探
索》2013 年第 4 期。

[61] 邹俊、张芳：《建国 70 年来国有企业治理理论研究进展：
文献回顾与改革展望》，《当代经济管理》2019 年第 9 期。

[62] 谌新民、刘善敏：《上市公司经营者报酬结构性差异的实

证研究》,《经济研究》2003 年第 8 期。

[63] 辛清泉、谭伟强:《市场化改革、企业业绩与国有企业经理薪酬》,《经济研究》2009 年第 11 期。

[64] 周仁俊等:《管理层激励与企业经营业绩的相关性——国有与非国有控股上市公司的比较》,《会计研究》2010 年第 12 期。

[65] 方军雄:《我国上市公司高管的薪酬存在粘性吗?》,《经济研究》2009 年 3 期。

[66] 方军雄:《高管权力与企业薪酬变动的非对称性》,《经济研究》2011 年第 4 期。

[67] 荣兆梓:《发展混合所有制经济视角的国有经济改革新问题》,《经济纵横》2014 年第 9 期。

[68] 高明华等:《关于发展混合所有制经济的若干问题》,《政治经济学评论》2014 年第 4 期。

[69] 刘雨青、傅帅雄:《混合所有制中的员工持股探索》,《中国流通经济》2015 年第 3 期。

[70] 黄速建、余菁:《中国国有企业治理转型》,《经济管理》2008 年第 Z1 期。

[71] 何国华:《中国国有企业治理思路的再探索》,《中国社会科学院研究生院学报》2008 年 4 期。

[72] 黄群慧、余菁:《新时期的新思路:国有企业分类改革与治理》,《中国工业经济》2013 年第 11 期。

[73] 高明华等:《国有企业分类改革与分类治理——基于七家国有企业的调研》,《经济社会体制比较》2014 年第 2 期。

[74] 郝云宏、马帅:《分类改革背景下国有企业党组织治理效果研究——兼论国有企业党组织嵌入公司治理模式选择》,《当代财经》2018 年第 6 期。

［75］ 肖红军：《公共政策性国有企业的治理改革研究》，《经济体制改革》2016 年第 2 期。

［76］ 韩克勇：《我国国有企业治理机制的发展及完善》，《现代经济探讨》2012 年第 10 期。

［77］ 严若森：《政府的治理边界与中国国有企业改革深化》，《人文杂志》2008 年第 3 期。

［78］ 呼建光、毛志宏：《国有企业深化改革中的公司治理——规制与激励》，《社会科学》2016 年第 7 期。

［79］ 武常岐、钱婷：《集团控制与国有企业治理》，《经济研究》2011 年第 6 期。

［80］ 马连福等：《国有企业党组织治理、冗余雇员与高管薪酬契约》，《管理世界》2013 年第 5 期。

［81］ 王贵：《党组织内嵌国有企业治理的法治逻辑：理据与进路》，《天府新论》2018 年第 1 期。

［82］ 陈翔：《国有企业治理中的委托代理问题》，《理论视野》2017 年第 5 期。

［83］ 郑寰、祝军：《论党的领导与国有企业公司治理的完善——中国国有企业公司治理的政治维度》，《经济社会体制比较》2018 年第 2 期。

［84］ 佟健、宋小宁：《混合所有制改革与国有企业治理》，《广东财经大学学报》2016 年第 1 期。

［85］ 杨红英、童露：《论混合所有制改革下的国有企业公司治理》，《宏观经济研究》2015 年第 1 期。

［86］ 汤吉军：《国有企业治理体系的制度分析》，《现代经济探讨》2015 年第 9 期。

［87］ 乔惠波：《混合所有制企业公司治理研究》，《经济体制改革》2017 年第 4 期。

［88］卢成会、穆艳杰：《国有企业管理机制创新：一个混合所有制改革视角》，《河南社会科学》2018 年第 7 期。

［89］柳学信、曹晓芳：《混合所有制改革态势及其取向观察》，《改革》2019 年第 1 期。

［90］汤吉军、郭砚莉：《沉淀成本、市场结构与企业战略博弈分析》，《产业经济评论》2008 年第 4 期。

［91］邹俊、汤吉军：《完善混合制国有企业法人治理结构的路径选择——基于沉淀成本理论的分析》，《湖湘论坛》2017年第 6 期。

［92］邹俊、张芳：《沉淀成本对国有企业治理结构路径依赖的影响及其市场化超越》，《现代经济探讨》2017 年第 5 期。

［93］马连福等：《混合所有制的优序选择：市场的逻辑》，《中国工业经济》2015 年第 7 期。

［94］邹俊：《转变政府职能对国有投资公司市场化运营改革的影响效应分析》，《内蒙古社会科学（汉文版）》2015 年第6 期。

［95］邹俊：《"中国制造 2025"战略下推进国有企业转型升级的难点与对策》，《经济纵横》2015 年第 11 期。

［96］钱津：《论国有企业改革的分类与分流》，《经济纵横》2016 年第 1 期。

［97］杨瑞龙：《国有企业改革逻辑与实践的演变及反思》，《中国人民大学学报》2018 年第 5 期。

［98］程承坪、吴方：《竞争性混合所有制企业监管探讨》，《天津社会科学》2018 年第 6 期。

［99］伍开群：《混合所有制：过渡性制度安排》，《河北经贸大学学报》2017 年第 3 期。

［100］周敏慧、陶然：《中国国有企业改革：经验、困境与出

路》,《经济理论与经济管理》2018 第 1 期。

[101] 付钦太:《"国有企业退出竞争性领域论" 辨析》,《理论探讨》2015 年第 1 期。

[102] 侯艳良、王晓明:《可竞争性、竞争性与中国工业市场绩效》,《经济与管理研究》2014 年第 10 期。

[103] 陈林:《自然垄断与混合所有制改革——基于自然实验与成本函数的分析》,《经济研究》2018 年第 1 期。

[104] 廖红伟、徐杰:《政府干预与国有企业高管薪酬激励有效性:制度背景与传导机制》,《理论学刊》2019 年第 4 期。

[105] 刘仁春:《公共企业:政府弥补市场失灵的一项政策工具》,《广西师范大学学报 (哲学社会科学版)》2005 年第 7 期。

[106] 徐传谌、邹俊:《国有企业与民营企业社会责任比较研究》,《经济纵横》2011 年第 10 期。

[107] 戴锦:《产权改革、竞争环境与政策工具:观照国企改革理论》,《改革》2013 年第 11 期。

[108] 邹俊:《国有企业不完全竞争性的内涵与理论溯源》,《红河学院学报》2022 年第 2 期。

[109] 邹俊、张芳:《国有企业不完全竞争性的现实表现与政策启示》,《重庆科技学院学报 (社会科学版)》2021 年第 5 期。

[110] 靳卫东、高波:《企业家精神与经济增长:企业家创新行为的经济学分析》,《经济评论》2008 年第 5 期。

[111] 潘健平、王铭榕、吴沛雯:《企业家精神、知识产权保护与企业创新》,《财经问题研究》2015 年第 12 期。

[112] 李宏彬等:《企业家的创业与创新精神对中国经济增长的

影响》，《经济研究》2009 年第 10 期。

［113］余菁：《企业家精神的涌现：40 年的中国实践历程回顾与未来展望》，《经济体制改革》2018 年第 4 期。

［114］陈刚、陈敬之：《产权保护与企业家精神——基于微观数据的实证研究》，《经济社会体制比较》2016 年第 1 期。

［115］韩磊、王西、张宝文：《市场化进程驱动了企业家精神吗？》，《财经问题研究》2017 年第 8 期。

［116］张维迎：《股份制与企业家职能的分解》，《经济研究》1987 年第 1 期。

［117］李新春、苏琦、董文卓：《公司治理与企业家精神》，《经济研究》2006 年第 2 期。

［118］李政：《新时代企业家精神：内涵、作用与激发保护策略》，《社会科学辑刊》2019 年第 1 期。

［119］刘现伟：《培育企业家精神 激发创新创业活力》，《宏观经济管理》2017 年第 3 期。

［120］王俊霞：《激发和保护企业家精神的思考》，《辽宁行政学院学报》2018 年第 1 期。

［121］金兴伟：《激发和保护企业家精神论析》，《牡丹江师范学院学报（哲学社会科学版）》2018 年第 1 期。

［122］梁洪学、吴施：《混合所有制企业股权激励制度建设的价值取向——以经理人股权激励为例》，《江汉论坛》2018 年第 10 期。

［123］杨江、戴林：《中国企业家精神与企业家行为理性化》，《管理世界》2000 年第 5 期。

［124］邹俊：《国有企业不完全竞争性对激发企业家精神的影响分析》，《湖北经济学院学报》2021 年第 3 期。

［125］邹俊、张芳：《不完全竞争条件下如何激发新时代国有企

业家精神》，《重庆科技学院学报（社会科学版）》2022
年第2期。

[126] 邹俊、张芳：《新中国70年来国有企业党组织参与公司
治理的制度分析，《齐齐哈尔大学学报（哲学社会科学
版)》2020年第1期。

[127] 孙晋、徐则林：《国有企业党委会和董事会的冲突与协
调》，《法学》2019年第1期。

[128] 中国宝武钢铁集团有限公司课题组：《加强党的领导与完
善公司治理相统一的探索与实践》，《现代国企研究》
2018年第10期。

[129] 中国宝武党建研究会：《以高质量党建推动中国宝武公司
治理体系和治理能力现代化》，《冶金企业文化》2020年
第6期。

[130] 邹俊、徐传谌：《阿里巴巴合伙人制度对国企治理结构创
新的启示》，《理论探索》2016年第3期。

[131] 强舸：《国有企业党组织如何内嵌公司治理结构？——基
于"讨论前置"决策机制的实证研究》，《经济社会体制
比较》2018年第4期。

[132] 吴秋生、王少华：《党组织治理参与程度对内部控制有效
性的影响——基于国有企业的实证分析》，《中南财经政
法大学学报》2018年第5期。

[133] 徐传谌、邹俊：《中央企业战略重组的不确定性及其规制
研究》，《经济体制改革》2012年第3期。

[134] 邹俊：《惯性与逆转：发挥国有企业党组织纠正内部组织
失灵特殊功能的思考》，《湖北经济学院学报（人文社科
版)》2022年第4期。

[135] 邹俊：《国家所有权与深化国有企业改革》，《内蒙古社会

科学（汉文版)》2019 年第 6 期。

[136] 李怡、赵泉：《区域经济发展与地方政府职能定位及其能力提升》，《理论探索》2008 年第 3 期。

[137] 徐传谌、惠澎：《国有资本运营制度创新的动力与逻辑基础研究》，《经济纵横》2009 年第 5 期。

[138] 关海霞：《浅议国有投资公司的体制缺憾》，《中国党政干部论坛》2008 年第 8 期。

[139] 赵曙明、杜娟：《企业经营者胜任力及测评理论研究》，《外国经济与管理》2007 年第 1 期。

[140] 徐峰：《人力资源绩效管理体系构建：胜任力模型视角》，《企业经济》2012 年第 1 期。

[141] 杨华峰：《基于循环经济的企业竞争力评价指标体系》，《系统工程》2006 年第 11 期。

[142] 吴元波：《论职业经理人的报酬激励制度》，《北京工业大学学报（社会科学版)》2004 年第 6 期。

[143] 施东辉：《经理期权计划在美国公司的兴起和影响》，《世界经济》2000 年第 7 期。

[144] 姜付秀、朱冰、王运通：《国有企业的经理激励契约更不看重绩效吗?》，《管理世界》2014 年第 9 期。

[145] 罗珊：《规范我国职业经理人的市场的博弈思考》，《求索》2005 年第 6 期。

[146] 陈华、赵俊燕：《基于企业绩效的职业经理激励制度研究——从唐骏"转会事件"说起》，《经济体制改革》2008 年第 5 期。

[147] 葛杨生、邹俊：《安徽省国有企业经理队伍职业化发展问题研究》，《宿州学院学报》2016 年第 6 期。

[148] 赵新洁：《公司治理背景下中国国有企业管理者激励问题

研究——基于西方公众公司的对比研究》，北京外国语大学博士学位论文，2013 年。

［149］岳敏：《国有企业高管人员激励机制研究》，西南财经大学博士学位论文，2010 年。

［150］蔡芷艳：《公司治理变化对内部控制建设与执行的影响：以武钢为例》，华中科技大学硕士学位论文，2017 年。

［151］海山：《谁在控制阿里巴巴?》，《经济观察报》2014 年 9 月 8 日，第 25 版。

［152］《习近平在全国国有企业党的建设工作会议上强调坚持党对国有企业的领导不动摇开创国有企业党的建设新局面》，共产党员网，http：//news. 12371. cn/2016/10/11/ARTI1476185678365715. shtml。

［153］《幸福武钢：中国宝武是中国近现代钢铁工业的历史传承者》，搜狐网，https：//www. sohu. com/a/438904977 _ 365977。

［154］《600019：宝钢股份第八届董事会第一次会议决议公告》，东方财富网，http：//data. eastmoney. com/notices/detail/600019/AN202105181492477819. html。

［155］《中国宝武：精挑细选做混改》，国务院国资委网站，http：//www. sasac. gov. cn/n2588025/n4423279/n4517386/n8944187/c8944444/content. html。

［156］《中国宝武混合所有制改革项目专场推介会举行》，中国宝武集团官网，http：//www. baowugroup. com/media _ center/news _ detail/218627。

［157］《重磅! 中国宝武党委理论学习中心组（扩大）学习暨第十期决策人研修举行》，搜狐网，https：//www. sohu. com/a/432323122 _ 365977。

［158］《中国宝武党委理论学习中心组（扩大）学习暨第十二期决策人研修举行》，中国宝武集团官网，http：//www.baowugroup. com/media_ center/news_ detail/219343。

［159］《王伶玲等：阿里巴巴登陆美股：美媒称像高端跑车 机构乐意砸钱》，中国经济网，http：//intl. ce. cn/sjjj/qy/201409/21/t20140921_ 3570317. shtml。

［160］《新华社：中共中央关于全面推进依法治国若干重大问题的决定》，新华网，http：//news. xinhuanet. com/politics/2014 –10/28/c_ 1113015330_ 3. html。

［161］《新华社：中共中央关于全面推进依法治国若干重大问题的决定》，新华网，http：//news. xinhuanet. com/politics/2014 –10/28/c_ 1113015330_ 2. html。

［162］《鼓励外商投资产业目录（2019 年版)》发布较大幅度增加鼓励外商投资领域》，新华网，http：//www. xinhua-net. com/2019 –06/30/c_ 1124690548. html。

［163］《姜丽勇：2015 年度中国反垄断十大事件》，虎嗅网，https：//www. huxiu. com/article/140503/1. html？ f = index _ feed_ article。

后　记

2022 年春节前，我完成了本书的撰写，既兴奋又意犹未尽。当我关上电脑走出办公室时已是夜幕降临，华灯初上。这景象何不像我们在学术之路上，一丝光亮总是引领着我们摸索前行？即使学术探索之路坎坷崎岖，但依然充满温暖。本书是近年来我在国有企业改革和国有企业治理方面研究的总结，也是本人主持的"安徽省哲学社会科学规划重点项目"（AHSKZ2020D10）的研究成果；在撰写过程中也为我未来的研究提供了很多新思考和新思路。

在本书即将出版之际，我感慨良多。我想最应感谢的是我的家人，我爱人为我承担了许多家务，任劳任怨，让我有了更多的时间撰写本书，还为本书提出了很多宝贵的建议；女儿总是让我既省心，又不断给我惊喜，中考顺利进入重点高中，她还不断以年轻人的眼光提醒我不要研究过时的东西；儿子茁壮成长，聪明可爱，十分懂事，在我忙于写作时从不打扰我。另外，还要感谢我的父母和岳父母，他们给予我们无私的关怀和帮助，付出了他们大量休闲时间，让我有更多的时间专心研究。总之，家人的无私关爱，给予我学术研究无穷的力量，看不见摸不着，却时刻感受至深。在此，祝愿爱人永远美丽！儿女快乐成长！父母们健康长寿！

　　我还要感谢我的研究生葛杨生、张雨欣，本科生宋曼晴等同学，他们为我做了大量琐碎而繁杂的工作，我也为他们的不断成长感到骄傲。同时，我要感谢学界同仁在国有企业改革发展研究中的真知灼见，虽然书中列出了参考文献，但是我深知这些难以囊括所有我从学界同仁那里汲取的"营养"和灵感，在此一并表示感谢。当然，由于学术水平有限，书中难免有不足之处，还望学界同人多多批评指正！

　　最后，我还要感谢安徽工程大学人文学院给我提供了良好的工作环境，让我可以自由地读书写作。另外，本书还得到了安徽工程大学校级一流学科"公共管理"，校"皖江乡村振兴与可持续发展创新团队"，以及校级重点项目（Xjky2020136）的出版资助，在此一并表示感谢！

　　谨以此书献给所有帮助和支持过我的人们！

2022 年 6 月 8 日